人选对了 事就成了

Renxuan Duile
Shijiu Chengle

赵知易 / 编著

广东旅游出版社
GUANGDONG TRAVEL & TOURISM PRESS
悦读书·悦旅行·悦享人生

中国·广州

图书在版编目（CIP）数据

人选对了，事就成了 / 赵知易编著. — 广州：广东旅游出版社，
2014.6（2024.8重印）

ISBN 978-7-80766-745-2

Ⅰ.①人… Ⅱ.①赵… Ⅲ.①人才选拔 Ⅳ.①C961

中国版本图书馆CIP数据核字（2013）第301990号

人选对了，事就成了
REN XUAN DUI LE，SHI JIU CHENG LE

出 版 人　刘志松
责任编辑　何　阳
责任技编　冼志良
责任校对　李瑞苑

广东旅游出版社出版发行

地　　址	广东省广州市荔湾区沙面北街71号首、二层
邮　　编	510130
电　　话	020-87347732（总编室）　020-87348887（销售热线）
投稿邮箱	2026542779@qq.com
印　　刷	三河市腾飞印务有限公司
	（地址：三河市黄土庄镇小石庄村）
开　　本	710毫米×1000毫米 1/16
印　　张	18
字　　数	240千
版　　次	2014年6月第1版
印　　次	2024年8月第2次印刷
定　　价	78.00元

序　言

　　《马说》中有这样一段话："世有伯乐，然后有千里马，千里马常有，而伯乐不常有。"在我们的工作中，也面临着这样的问题：当"伯乐"的总在为自己选不出好的"千里马"而困扰，而"千里马"也在为找不到发掘自己的"伯乐"而烦恼。

　　其实，站在一个客观的角度而言，"伯乐"与"千里马"二者是相互选择的，"伯乐"选"千里马"的过程，也是"千里马"选"伯乐"的过程。二者只有相互选择，相互支持，才能达到双赢。

　　那么，在工作中，作为管理者，你应该知道怎么做才能吸引人才的加盟，让人才能够坚定不移地选择你。以刘备为例，他就是一步一步靠着自己的表现来吸引人才的投奔，赢得下属的忠心的。在朝内，他亲贤臣，远小人，使自己的组织形成了强大的凝聚力，也为自己赢得了礼贤下士的好名声。对外，他通过结拜得到了关羽、张飞两位好帮手，又以三顾茅庐感动了诸葛亮，正是这些人，使刘备从无寸土安身之地，到之后的三国鼎立之势。所以，一位好的管理者想让人才选择你、依附你，你必须要付出相应的行动来感动、吸引他们。

当管理者做了他该做的，作为下属该如何行动才能让管理者器重你呢？你在工作中面对的不仅仅是管理者，还有同事，所以，你不仅需要付出比别人更多的汗水、比别人更多的努力，而且你还需要团同事，让大家都认可你。

当作为"伯乐"的管理者和作为"千里马"的下属配合默契时，那么，还有什么力量能阻止企业的发展壮大呢？

目　录

上篇　选这样的管理者，下属才忠心

第二章　管理者要能做到激励下属 / 19

为了企业的发展，管理者必须要学会激励下属，用一定的方法让下属能够感受到企业对他们的信任和重视，这样的话就会激发下属的工作热情，使企业能够健康快速地发展。

第三章　管理者要能做到授权团队 / 39

如何让下属找到自己的存在感？一个是用一定的方法激励他们，另一个就是管理者要学会适当放权给他们，从而让他们拥有"主人翁"的意识，能够更好地为企业工作。

目录

第六章 管理者要能做到真诚待人／101

下属要辞职，这时候管理者要做的就是留住他们。那么，该如何留住他们呢？管理者这时候就要用真诚来感化他们。记住，留住一个人，最重要的是留住他的心。

第七章 管理者要能善于协调团队／125

团队中不可避免地会出现这样或者那样的冲突或分歧，管理者的责任就是化解这些冲突和分歧，协调好成员之间的关系，让团队保持一种和谐的氛围。

下篇　用这样的员工，企业才放心

第八章　好员工要能做到忠诚 / 143

要想在企业里立足，忠诚服从是最重要的一点。企业最欣赏的、最受重用的，历来都是那些服从于企业或企业理念、忠于自己本职工作或事业的人。所以，请时刻记住，要想在企业里站稳脚，第一条简单的法则就是学会忠诚服从。

第九章　好员工要能做到敬业用心 / 159

要使自己敬业，就必须把工作当成自己的事业，倾情于自己的工作，要具备一定的使命感和道德感。要从小处着眼，认真负责，一丝不苟，并且有始有终。要专心致志、满怀热情地投入工作，要争取比别人干得更多。

目录

第十章　好员工要能做到独当一面／177

管理者是十分需要专家型下属的。因为管理者不可能样样精通，他必须依赖这样的下属来保持企业的正常运转。没有专家型人才尽职尽责、严谨踏实的工作，管理者便立刻成了一个毫无用处的人。因此，如果你能精通业务，成为一个专家型人才，你就会成为企业不可或缺的人才，在企业中永远拥有立足之地。

第十一章　好员工要能做到满腔热忱／193

现在的企业中，每个人都承受着巨大的压力，同事间的竞争、工作方面的要求以及一些生活琐事，无时无刻不在冲击着每个人。若没有热忱做支撑，你很快就会在这种重压下倒下来。反过来，若能让热忱充满你的内心，让热忱做你"内心的神"，那么你将成为"工作中的神"，成为企业的优秀员工。

第十二章 好员工要能做到不找借口 / 207

要想成为一个优秀的员工，成为企业中受欢迎的人，就应该做到从不在工作中寻找任何的借口为自己开脱，而是努力把每一项工作尽力做到超出预期，最大限度地满足企业提出的要求。同时，对客户及同事提出的各种要求，也同样从不找任何借口推托或延迟。

第十三章 好员工要能做到自动自发 / 229

如果你是管理者，一定会希望下属能和自己一样，将企业的事当成自己的事业，更加努力，更加勤奋，更加积极主动。因此，你要想在企业内立足，成为一个企业青睐和信赖的人，你就必须学会以管理者的心态对待工作，处处为企业着想，始终为企业努力。

第十四章　好员工要能做到精诚团结／247

优秀的员工要想成大事，必须学会合作，这样才可以弥补自己的不足，形成一股合力，掌握这种能力，才能让自己的事业不断向前。优秀的员工如果能主动加强与同事间的合作，巧妙凭借集体的力量完成任务，前途将一片光明。

第十五章　好员工要能做到创新学习／261

创新对于企业有着非常重大的意义。俗话说："流水不腐，户枢不蠹。"对于员工来说只有具备创新的能力，才能在企业中拥有稳定的地位，受到领导重视。

上篇　选这样的管理者，下属才忠心

第一章
管理者要能做到人尽其才

　　一个管理者好不好，关键在于他怎么用人，用人的目标就是让团队的每个成员能够人尽其才，在合适的位置上发挥自己最大的能量。

用人要坚持公正公平公开

管理者用什么样的人是非常棘手的问题，如果不加选择而贸然行事，必将引起方方面面的矛盾，不利于团结和工作。

因此，现代企业管理者的用人，要有一个正确的出发点，那就是要出以公心，要以有利于管理组织发展和组织成员积极性的调动为出发点，不讲私情，不搞妥协，不回避矛盾，真正将愿为管理组织作贡献而又有真才实学者提拔任用到各级管理岗位上，以推动组织目标的高效实现。管理者用人，不可能使各个方面和每个人都满意，只要是出以公心，出于事业发展所需，最终都会赢得尊重，赢得人心。因此，管理者在培养用人的公心的过程中必须要善于克服以下几种不良的用人心理。

1. 任人唯亲心理

任人唯亲心理指的是用人者不管德才如何，只是选择那些和自己感情好、关系密切的人，或者任用自己的亲属等。具体表现在以下四方面：

（1）"以我划线"。

谁拥护自己、吹捧自己，就提拔谁。把自己管理的部门搞成"一人得道，鸡犬升天"的"封地"。

（2）"唯派是亲"。

凡是帮朋派友，不管是否有德有才，都优先加以考虑。

（3）"关系至上"。

有"关系"的人起用，没"关系"的人靠边。

（4）以血缘关系作为用人的标准。

致使组织呈现家族化的倾向。人事上的近亲繁殖，扭曲了用人标准，压抑了他人成长和能量的释放。

这从王安企业的失败中可窥一斑。王安企业曾经实力雄厚，在1984年，有21亿美元营业额，雇用24800名员工。王安失败的一个重要原因就是缺乏下属之间凝固的社会基础。王安本人受中国传统文化的影响，对本家族外的高层主管不放心，也不信任。当外部环境发生变化，企业经营遇到困难时，他把企业大权交给自己的儿子，本应继任的美国经理却遭到冷落，导致许多有才华的经营主管在关键时刻离开企业，企业绩效一败涂地。

任人唯亲会严重危害企业的发展。表现在四方面：

（1）阻止了优秀人才的加盟，不利于企业素质的提高；

（2）使经营者大权独揽，独断专行，顾此失彼；

（3）导致下属不思进取，缺乏创新和忧患意识；

（4）导致企业内部争权夺利，缺乏凝聚力。

我国许多企业，长期以来发展缓慢，打不出名牌，实现不了竞争规模的重要原因之一就是缺乏使企业发展壮大的社会资本，缺乏对人的信任程度和合作精神。很多私人企业的管理者管理手段简单粗暴，武断专横；企业管理结构原始落后，用人方式任人唯亲；企业高层管理者对亲朋好友重点提拔，而对圈外人则另眼相看，不予重任，生怕自己的位置被人剥夺。这样的企业怎能招聘人才，留住人才？入世之后中国的职业经理人要意识到信任的基础不能建立在"血缘""地域"上，而应该建立在专业化知识与表现上。不管是大鼻子还是小鼻子、黑头发还是黄头发，企业需要的是专业化程度高、热情与激情兼备的职业经理人。

2. 论资排辈心理

这种心理是指管理者把资历深浅、年龄大小和辈分高低作为提升和使用人才的主要依据。提拔人才时，不管他有多大才干，机械地按年龄资历从上往下排座次。虽然资历是历史的记录，在一定程度上反映了人们的实践经验，但我们不能把它绝对化，既不能把资历与能力画等号，也不能把资历与水平画等号。人的才能高低与工龄长短、资历深浅有着一定的联系，但资历并不完全与实际才能成正比，成反比的现象也并不罕见。管理者用人论资排辈会给组织带来如下危害：

（1）阻碍了大批中青年人才的成长，这与现代科学文化发展规律是背道而驰的；

（2）阻碍了人才竞争，挫伤了人才的积极性和创造性，使有真才实学的人被压抑、埋没，有才难展，有志难酬。

（3）易使资历深、辈分大一些的人滋长居功自傲心理。

人才使用有一个时效问题，一个人的才能不是一成不变的，而是呈一条抛物线的过程，从才能显现，到炉火纯青，再到才能衰减。一般认为，管理工作的年龄曲线在50岁为峰值年龄；技术工作的年龄曲线在45岁为峰值年龄；科学研究工作的年龄曲线在37岁为峰值年龄。这就要求我们破除论资排辈的旧观念，抓住各类人才的最佳年龄阶段，不拘一格选拔使用人才，为人才创造一个公平竞争的环境，同时要大胆提拔、破格使用，在使用中帮助他们克服缺点，这样有助于人才能力的发挥，有助于企业的发展。

3. 信谗心理

在相当多的企业中，总是有那么一些心术不正的人，为达到卑鄙的目的，采用不正当手法，散布流言蜚语，干扰决策者的用人决心和意图。使决策者难辨真伪，产生偏信谗言的心理状态。造成的恶劣后果是：

（1）压抑优秀人才，良莠不分

对于兢兢业业、埋头苦干、忠厚老实、不愿逾矩的人予以伤害；对于有魄力、有能力、敢于冲破阻力、开拓进取的人予以伤害。

（2）使企业氛围恶化

抑正纵邪、是非不分、忠奸倒置，好人受气、受屈，心术不正之辈弹冠相庆，使组织舆论导向、价值导向偏离正常企业目标。

（3）损害决策者威信

由于信、纵谗言，导致人际圈子越来越小。有的企业的决策者就是由于嫉妒心理和信谗心理，把好端端的企业给搞垮了，人才大量流失，信誉下降，产品销售不出去，最后只得倒闭。

4. 怕担风险心理

在一些人眼里，年轻人办事不牢，个性强的人容易捅娄子，这两种人被提拔进管理班子总是不那么容易通过。尤其在一些企业里，年轻人即使进了管理层也是往后排，个性较强的"野马"进了管理层也就更难。怕担风险的另一表现是用人不讲时效。研究证明，很多脑力劳动者，其工作早期是最富有效率的年代，这些人到40岁以后，年龄和成就之间往往出现反比关系。遗憾的是，这些研究成果并未引起用人单位的足够重视，在一些人的眼里，30岁属"嘴上无毛"之列，40岁还是"嫩扁担"一根，硬是要等到人家"老"了、"成熟"了以后才给提拔，可悲！

以上几种不良心理状态是管理者在用人过程中很容易出现的，管理者要克服种种不良的心理状态，牢记用人以公，选拔人才和使用人才都要出以公心，为了企业的长远利益和发展，而不是为了自己或小团体的利益，这样才能为企业发展储备丰富的人才资源。

合适的岗位安排合适的人才

古人曰："君子所审者三，一曰德不当其位，二曰功不当其禄，三曰能不当其官，此三者乃治乱之源也。"可见，德当其位是用人的重要原则，是判断管理者用人是否正确的首要标准。在用人时，管理者对人才一定要量体裁衣，既不能让统御千军的将帅之才去做火头军，也不能让县衙之才去当宰相；既不能让温文儒雅、坐谈天下大事的文官去战场上驰骋，也不能让叱咤风云、金戈铁马的武将成天待在宫廷内议事。应该辨清各自的特长，派其到相符的地方或授予其相应的职位。不当其位，大材小用或者小材大用都是用人失败之处。大材小用造成人才的极大浪费，必挫伤人才的积极性，使其远走高飞，另谋高就；小材大用只会把原来的局面越弄越糟，成为专业发展路上的绊脚石。"用人必考其终，授任必求其当"，古人已经给现代管理者们做出了榜样。

狄仁杰就是一位善于用人的官吏。有一天，武则天问狄仁杰："朕欲得一贤士，你看谁能行呢？"狄仁杰说："不知陛下欲要什么样的人才？"

武则天说："朕欲用将相之才。"狄说："文学之士温藉，还有苏味道、李峤，都可以选用；如果要选用卓异奇才，荆州长史张柬之是大才，可以任用。"武则天于是擢升张柬之为洛州司马。过了几天，武则天又问贤，狄说："臣已推荐张柬之，怎么没任用？"武则天说："朕已提拔他做洛州司马。"狄仁杰说："臣向陛下推荐的是宰相之才，而非司马之才。"武则天于是又把张柬之升迁为侍郎，后来又任他为宰相。事实证明，张柬之没有辜负此重任。

管理者不能仅仅以人才能力的高下来衡量是否适应某个位置，还得考虑人才的性格、品行。如果此人性格懦弱、不善言辞，则不宜让他担任公关和推销方面的任务；如果此人处事较随意，且常出一些小错，不拘小节，就不应任用他做财务方面的工作；如果此人品行不太端正，爱占小便宜，且比较自私，对这种人尤其要小心任用，最好不要委以重任或实权，还要使其处于众人的监督之下，不至于危害大局，一旦发现其恶劣行为，立即严惩不贷，绝不心慈手软，以防止"一粒老鼠屎搅坏一锅汤"。所以，作为管理者，在用人时一定要从人才的能力、性格和品行等多方面综合考虑，再授予其一个适当的位置。

此外，作为管理者还需考虑一个重要因素，即年龄。年轻人热情奔放，充满活力，且敢拼敢闯，创造力强；中老年人沉稳、冷静，忍耐力强，且经验丰富、老到。年轻人缺乏的是经验，中年人缺乏的是闯劲。了解到这些，管理者就可以根据该项工作的特征确定合适的人选。

同时，管理者还不能忽视年龄层次问题，机关部门、事业单位的年龄层次可以适当偏大一些，姜毕竟还是老的辣。而企业的年龄层次宜年轻化一些。因为年轻人精力充沛，后劲十足，工作年限还很长，而年纪较大的人可能即将离任，这样就能避免企业出现人才断层，有利于企业持续快速地发展。

用人要谨慎，宁缺毋滥

　　宁缺毋滥要求管理者在用人时选用精兵良将，如果在当时没有找到合适的人选，宁可让职位空缺，也不能滥竽充数。

　　一个人能力再高，在短时期内都难做出重大成绩，人的聪明才智的发挥需要一定的时间，因此其能力和功绩须在较长时间内才能体现出来。管理者在用人时一定不能急功近利，急于求成，经常更换人事，这样做会适得其反，离自己所要求的目标越来越远。正确的做法应该是一旦确定了人选，就给予充足的时间，让其潜心研究，放手施为，反而能够做出显著成绩。举个例子，美国科学家的科研水平乃世界一流，但如果美国政府要求他们在短期内便将人类送上月球并在上边正常生活显然是不可能的。如果因此而将科学家们撤职查办，那岂不成了天大的笑话。可见，任人以专的效果明显地比经常更换好。

　　北宋王安石曾特别强调任人必须"任人以专""久于其任"。他主张一旦确定了合适的人选，就让其多干几年，予其充分展示才华的时间，则"智能才力之士则得尽其智之赴功，而不患其事不终其功之不就也"。古人尚且如此，今天的管理者更应理解其内涵。经常更换人事不仅对事情本身于事无补，而且会弄得人心惶惶，纪律涣散。法国经济学家亨利·法约尔对人员任期问题有一段深刻的解释。他说，人员任期稳定是一个均衡问题。雇员适应新的工作和很好地完成工作任务都需要时间，即使是假设他有相应的能力，如果在他已经适应工作或在适应之前被调离，那么他将没有时间提供良好的服务。如果这种情况无休止地重复下去，那么工作就永远无法圆满完成……因此，人们常常发现，一个能力一般但留下来的人才比一个刚来就是杰出的人才更受欢迎。这段话深刻地告诉管理者任人以专的重要意义。

当然，任人以专并不是任期越长越好，它并不排斥工作人员的正常变动，只是强调要给人以充分展示才华的时间，保持人员的相对稳定，有利于企业的发展。

兵不在多而在精

企业里有种情况屡见不鲜，即某个职位由一人担任便足以应付，却安排了好几人。这种现象表面上看是制度问题，实际上是管理者在用人上的严重失误。不用多余的人是管理者应该严格遵守的原则，否则就会造成企业臃肿，冗员繁多，效率低下。

1. 兵不在多而在精

唐太宗李世民，用人就一贯坚持"官在得人，不在员多"的原则。他多次对群臣说："选用精明能干的官员，人数虽少，效率却很高；如果任用阿谀奉承的无能之辈，数量再多，也人浮于事。"他曾命令房玄龄调整规划三十个县的行政区域，减少冗员。唐太宗还亲自监督削减中央机构，把中央文武官员由两千多人削减为643人。他还提倡让精力旺盛、精明能干的年轻官员取代体弱多病的年迈官员。通过这种方法，朝廷上下全都由能人主持，办事效率大大提高，使得政通人和，出现了繁荣昌盛的"贞观之治"。

相反，太平天国在南京建立政权以后，洪秀全滥封王位，至天京失陷前，封王竟达二千七百多人，造成多王并立，各自拥兵自重，争权夺利的混乱局面，从而致使"天京事变"的发生，促使太平天国由盛而衰，走向败亡。这成为现代管理者用人的深刻教训之一。不用余人，是保证令行禁止和高效率的重要条件。

随着市场经济的发展，"兵不在多而在精"越来越为众多现代管理者重视。"能者上，庸者下"，同时把好数量关，是做到不用余人的关键之处。

2. 人多未必好办事

中国自古以来有"众人拾柴火焰高""人多力量大"，以及"人多好办事"等形容人多好处大的词句，但这些并非"放之四海而皆准"的真理。管理者们应具体问题具体分析，不要盲目应用。尤其在用人问题上，人多未必好办事。

首先，人多了不利于统一管理。企业必须统一管理，才能有高效率的出现。而如果本该一个人办的事却安排几个人去做，就可能产生意见分歧，互不相让，甚至产生矛盾，最后分头行事或者大家都一走了之，谁也不办。人多了，各有各的看法，加上一些人可能心怀不轨，就难以统一意见，办事效率就可想而知了。避免这种情况发生的最好办法就是管理者在用人时就不用余人。

其次，冗员繁多易形成懒散的作风，效率低下。古语说，"一个和尚挑水喝，两个和尚抬水喝，三个和尚没水喝"，无疑是人多未必好办事的生动写照。不难理解，由于一职多人，遇到事后相互推诿，都怕惹火烧身，都想明哲保身，做一个老好人，效率当然上不去了。中国有句很流行的话，"一个人是条龙，两个人是条蛇，三个人是条虫"，可能就是形容这类现象吧。

最后，冗员繁多不利于人才聪明才智的发挥。由于没有集中的权力，加上相互牵制，都怕对方超过自己，一些人才的想法和看法得不到尊重，策略也无法实施，导致了人才资源的浪费。一些有才之士虽有满腹经纶却无法施展，这对企业或部门的发展都非常不利。

让企业内部充满良性竞争

有这样一则寓言，说猎狗追逐一只兔子没有追到，旁边有只狐狸问道："今天你跑得怎么这么慢，全没往日的威风啊？"猎狗答道："现在主人为我准备食物，我已不需要自己猎食了。你要知道，为了生存而奔跑与嬉戏时的奔跑是完全不同的。"在这则寓言里，有一个道理就是生存的竞争往往能激发出人最大的能量来，使一些看似无法做到的事变成现实。

在用人方面，也应充分运用这一生存规律，做到竞争优先，优胜劣汰。竞争客观存在于人类社会发展的始终。社会的前进离不开竞争。用人方面不仅需要竞争，而且也无法排斥竞争。

实践证明用人必须改变那种只上不下，只进不出的封闭僵化体系，而始终保持一种有上有下，有进有出的开放式流动体系。人若是处于这样一个流动的体系中，不仅充满了进取心，而且也有危机感，犹如逆水行舟，不进则退，不会有丝毫的大意。

一个企业中的活力，主要来自于具有开拓创新精神、永不服输的拔尖人才。过去渔民从远海捕捞沙丁鱼，在运回海港后总有很多死掉，渔民们使用了很多方法，想使沙丁鱼能活着运回去，但收效其微。后来聪明的渔民终于想到一个好办法，那就是在运沙丁鱼的水池中放入一些生性好动的鲶鱼，鲶鱼在池中不断追逐，使沙丁鱼在运动中延长存活时间，终于安全运到了海港。有管理者从中受到启发，便在企业中安插了几位充满活力的人才，使原本死气沉沉的企业一下子充满了生机和活力，并形成竞争向上的气氛。

人的才能往往是以潜能的形式存在的，没有竞争，就很难发现其潜在的能量。伯乐相马，有一个重要的方法就是让马奔跑起来，给每匹马都创造平等的表现机会，展开公开的竞争，让马充分地表现自己，那时千里马自然就会脱颖而出了。用人亦是此理，如果人人都坐太平椅，吃太平饭，那么天才和庸才即使有天大的差别，也表现不出来了。

在当今和平年代，把人推到死亡的边缘然后让他们放手一搏是没有必要的，但使用这一方法，引入竞争机制，实现优胜劣汰，也可以收到置之死地而后生的效果。

竞争可以产生忧患，忧患促使人们更加努力地工作，以期在竞争中获胜。那么为什么会有如此效果呢？这是因为它符合现代科学原理。现代科学学原埋认为，在生存的竞争中，人们会不遗余力地奋斗求生，充分发挥潜在的能量，爆发异乎寻常的勇气和力量，从而做到平时难以做到的事情。例如在一次火灾中，一位妇女竟把一只大木柜子从二楼搬到了楼下，火灾过后，三个强壮的男子才勉强把它搬回原来的位置。这样的事在生活中虽比较特殊，但是危机可以激发人们的潜能，却是人们所认同的。

物竞天择，适者生存，这是达尔文留给后人最重要的命题。竞争，是任何时候都避免不了的，在工作岗位中引入竞争机制，也就是顺理成章的事了。

用人不疑，疑人不用

管理者在用人时应该坚持"用人不疑，疑人不用"的原则，既然用了，就要予以其绝对的信任，予以广阔的空间，使其人尽其才。也只有这样，人才才会绝对信任管理者，投桃报李，为企业尽展其才华。成功的管理者大都爱对部下说："你们放手去干好了！"这既是一种鼓励，又是一种放权，因为他们非常明白：只有让手下放手施为，尽其所能，才能创造出辉煌的成绩。

在当今企业中，更多的管理者认识到了人尽其才的重要性，并用之于实践，都取得了良好的效果。日本丰田汽车企业领导丰田喜一郎充分信赖销售专家神谷正太郎，让其不受任何约束地工作就是一个突出的典型。事实证明，丰田喜一郎是正确的，神谷正太郎无愧为一个销售天才。他为丰田汽车企业的飞速发展立下了汗马功劳，用尽了自己的聪明才智，而且他对丰田始终忠诚不贰。人尽其才的任人准则在此得到了最充分的体现和证明。管理者们应该加以借鉴和应用，以减少人才资源的浪费，促进企业的发展。

根据下属的性格安排工作

前面已经说过，人之为人，就会有很多个性。管理者在用人过程中应注意下属们的个性，安排合适的工作；另外还要有容人之心，不在小事上过于苛求，使企业成为一个团结统一、不可拆散的整体。

但即使如此，就一个企业来说，上下级之间、成员之间的矛盾和分歧，仍是经常发生的。其实这并不足为奇，黑格尔曾精辟指出：矛盾是无时无刻不在的。协调和解决这些矛盾，就是企业的工作重点之一。

让我们首先关注一下企业中易产生矛盾的几个因素：一是利益的冲突，集体有集体利益，个人有个人利益，虽然说其根本利益是一致的，但就现实情况而言，大多数人还是极关注自己的个人利益的，工资、奖金、福利处理不好，极易产生矛盾；二是观点分歧，这种矛盾虽不由个人恩怨引起，但若不能及时排解，也极易变成人与人的对立；三是感情冲突，有些个人素质差，或出言不逊，或盛气凌人，招人反感，最终引起敌视。当然，引发矛盾的因素还有很多，但这不是本章重点，不再多说，现在把主要精力放在矛盾的解决上。

追本溯源，这些矛盾的产生，主要是由于管理者在用人方面出现了偏差。在一个企业中，管理者与下属不是一对一的关系，而是一对多的关系，这就要求管理者不仅要重视个人，而且要重视整体，尽量做到协调用人。比如说一个课题需要由几个人来同时完成，那么在选用人才时，不仅要注意人专其才，而且应尽量选取志趣相投的人一起工作，这样就减少了产生矛盾的隐患。另一方面，就是不要闲人，一个人能完成的工作，就绝不安排第二个人，这一点也是极其重要的。如果人人都有其需负责的事，那么就没有更多的心思去放在钩心斗角上了。

用人协调，并不是说一味地当和事佬，哪儿出现险情，就去哪儿救火，而是要合理用人，设法使组织保持一种科学而合理的结构，各种人才比例适当，相得益彰，实现相互补充、取长补短。

用人协调，一般来说要从以下几点入手：一是注意年龄结构；二是注意志趣相投；三是注意健全制度。

就年龄方面而言，一般来说老年人深谋远虑，经验丰富，但思想易保守固执；中年人思想开阔，成熟老练，但创新精神锐减；青年人思想解放，敢想敢干，但缺乏经验和韧性。如能将这三个年龄段的人才合理搭配，梯次配备，就可以充分发挥各年龄段的自然优势，获得理想的整体效果。

当然这里说的合理搭配，并不是要搞平均主义，总体比较而言，较为合理的方式是两头小，中间大，即以中年人为主，兼用老年人丰富的经验和青年人敏锐的创新精神。实践证明这种结构具有较强的耐压性，也能够保持工作的稳定性。

就志趣而言，不妨以马克思、恩格斯二人为例来说明。马、恩之所以具有非凡建树，不仅在于二人超人的天才，而且在于二人实现了知识、才能、性格上的互补。马克思善于思考观察，分析问题透彻，老成持重，从不讲未经深思熟虑的观点；而恩格斯思维敏锐，性格外向，性子急，能及时捕捉到新思想、新事物。两人在一起工作，恩格斯能帮马克思捕捉灵感和信息，而马克思又能使恩格斯的认识得到深化和提高，二人相互配合，共同作出了伟大的贡献，堪称典范。二人之配合对今天的用人者来说，是有不少借鉴之处的。

最后说健全制度。没有规矩，无以成方圆。管理者用人，如果一味靠感情用事，即使是再高明的管理者，恐怕也无法完全解决矛盾。制定一套健全的用人制度，则是实现协调用人、优化结构的保证。

三个和尚没水吃，究其原因，就是因为没有建立起一套合理的用人制度。如果把和尚比作管理者手下的人才，就可以出现这样一种场面，一个人才是艰苦奋斗的问题，两个人才是协调用人的问题，三个人才则是机构臃肿重叠，需要优化组合的问题了。如果工作中职责不清，分工不明，必然会产生互相扯皮，争功诿过的现象。管理者用人，切忌出现"三个和尚"的问题。

一个企业，就是一个密切联系的统一体，一个系统的根本特点就是整体性。一个企业就如同一个健全的人，各个部门就如同人的各个器官，对于一个人来说，多余的器官是毫无用处的，同样对于一个企业来说，多余的部门和人员也是无益的。

第二章

管理者要能做到激励下属

　　为了企业的发展，管理者必须要学会激励下属，用一定的方法让下属能够感受到企业对他们的信任和重视，这样的话就会激发下属的工作热情，使企业能够健康快速地发展。

因人而异管理下属

与有"问题"的下属在沟通和相处方面都会有困难，但作为管理者，必须在可能的范围内，尝试了解他们的性格，并进行因人而异的管理，而且要牢记这项工作是非常需要时间和讲究方法的，不可操之过急，否则，将会适得其反。

性格是一个人个性的核心，它直接影响到人的行为方式，进而影响到人际关系及工作效率。因此，在管理过程中，根据人的不同性格采用不同的管理方式是提高管理水平的重要手段。俗话说，"人心不同，各如其面"。人与人之间性格差异很大，一般来说，有几类人的性格较为突出，也比较难管理，下面分别介绍，为管理者提供借鉴。

1. 脾气暴躁、常与人结怨者

某君自卑感很重，他在工作中表现很认真，也很执着，但不顺利时，他总认为是其他人故意刁难他，为此经常大发雷霆，甚至到管理者那里"投诉"，造成办公室火药味浓重，人际关系紧张，直接影响了其他人的工作情绪。

当这类情绪激动、怒气冲冲的下属跑到你办公室"投诉"时，你首先应让他们坐下来，然后仔细聆听他们的话，不要发言，因为他们在激动时所说的话往往是杂乱无章、未经组织的，让他们把事情的经过说完，或者在一定程度上说，是让他们宣泄完愤怒的情绪，相对冷静下来之后，再来告知你的处理方法。

你不必试图改变一个脾气暴躁的人，也不要敷衍他们，更不能从中转换话题。虽然任何一个企业的纪律都不会要求改变下属的不良性格，但你必须告诉他们，动辄发脾气的人感情上通常不够成熟，要教会他们学习控制自己的情绪，并强调企业不赞成以乱发脾气的方式来解决问题。也可以尝试着给他们安排一些多见文件少见人的工作，鼓励他们多参与同事们的活动，让他们知道他们是跟大伙儿同一阵线的，没人愿意也没有人能阻碍他们的工作。

2. 自尊心极重，感情脆弱者

这类人多是一些职位较低的年轻女性，她们大部分刚踏出校门，对纷繁复杂、竞争激烈的社会不太适应。管理者几句提醒她们的话，听在她们耳中，就像被老师当众责骂，心中极为不安，无形中产生了一股压力，对工作丧失信心和兴趣，甚至产生跳槽的念头和行动。具有这类性格的下属，一般表现比较拘谨，她们总喜欢绷着脸，紧张地工作，遇到困难时诚惶诚恐，对上级说话时语调总是战战兢兢。

对待此类下属，说话时措辞要小心谨慎，尽量避免从个人角度出发，多强调"我们"和"企业"。在批评她们工作中的问题时，必须多顾及她们的自尊心。一丝温和的笑容，一句关切的问候，都会增加她们的安全感和自信心。在平时例行的工作中，不妨把握机会称赞她们的表现。再三的鼓励或许让你都感到自己唠叨，但对她们来说却是很受用的，而且有种被重视的感觉。同时，应该让她们明白，在工作中发生错误时，可能是多种原因造成的，不一定与个人能力有关。因此，不必为此感到沮丧和丧失信心。

3. 消极悲观、缺乏自信者

企业召开会议、讨论某项新建议时，有人提出反对是正常的。但管理者可能会发现，在企业里有这样一类人，他们不管提出的建议是什么，从不进行深入的思考，总是一味地阻挠和反对，这不仅会阻碍企业的变革，而且还会破坏企业创新的氛围。因此，管理者必须深入分析他们反对的真正原因。有些人只是因为他们消极悲观，缺乏信心，担心失败。如果管理者发现某位下属一贯努力工作，对企业忠心耿耿，而且还颇有绩效，只是有些缺乏信心，可以给他机会，培养他的自信心。

例如，可以找他谈谈新计划，让他负责实施。起初，他可能会犹犹豫豫，面露难色。此时，管理者可以请他不要对任何事都采取否定的态度，应该提出积极而且有建设性的意见。如果他怀疑该项计划的可行性时，管理者就鼓励他找出可行的方法，并且全力帮助他实施，让他体验变革的乐趣及由此获得的成就感。当然，不要企图使消极、悲观的人一下子变得积极、乐观。只能让他了解管理者是个乐观进取、凡事采取积极态度的人，尤其是接洽一项艰巨的工作时，更应以肯定且乐观的态度对待。如果他一向都很尊重管理者，多少也会被管理者感染而产生信心。

4. 溜须拍马、阿谀奉承者

在许多地方，常可见到溜须拍马、阿谀奉承者，他们经常称赞管理者，且附和管理者所说的每一句话。如果有这种下属，就必然有爱戴高帽子的上司。尽管各位管理者都会表白自己明智、有自知之明和不介意下属的批评，但人们总是喜欢被表扬。

有些管理者认为，只要自己不为他们的吹捧而迷惑，他们的表现也不差，就可以任由他们继续奉承下去。但事实上，管理者的态度，会使他们感觉你默认了这种吹捧，不仅会强化他们的这种行为，还会使他们轻视你，降低了对你的尊重。对待这种下属，在与他们沟通时，无须太严肃地拒绝他们的奉承，也不要任由他们随意夸张。当他们向你卖弄奉承的本领时，你可以说："你最好给自己留一点时间，考虑新的计划和建议，下次开会每个人都要谈自己的意见。"

5. 善于表现、急功近利者

下属中，总不乏雄心万丈、积极进取之人，甚至管理者能感觉到下属的目标直指你的职位，许多管理者因此而忌才。但是，对待这些急功近利者却不能忽视。因为这种人往往为了个人利益不择手段，影响其他下属的工作情绪和进度，造成人际关系紧张。

与急于表现自己的下属沟通，切忌使用单刀直入式的沟通方法，免得让他产生管理者忌才的错觉，而不接受你提出的任何建议。你可以认真聆听他的建议，适当称赞他的表现，表示你对他有某种程度的赞赏。得到你的称赞，他一定会进一步表现自己，那时你可以漫不经心地告诉他："凡事都得按部就班，这样才会对其他下属比较公平，如果其他人比你更急时，你能否容忍他像你现在这样牵着别人的鼻子走吗？"你的语调要像平常说笑般轻松，既不伤害他的自尊心，也让他设身处地为其他人想一想。

6. 郁郁寡欢、以为怀才不遇者

这种下属常为自己的才华不能受到重视而终日叹息，缺乏工作热情和积极性。对待这种下属，千万别用类似的打击性语言："你有多少才能呢？像你这样的人，随便可以找到。"

这种语言会使他们感到被轻视，变得更加郁郁寡欢。平日对他们要热情，这样会使他们有被尊重、重视的感觉。交代给他们的任务，事后一定要认真过问，如果做得好，别忘记称赞两句。尽管他们在企业里只不过是些小角色，但也可以偶尔邀请他们参加重大会议，鼓励他们勇于发言，并经常给他们提供参与的机会。如果他们能感觉到机会面前人人均等，他们会更加努力工作的。

总之，虽与有"问题"的下属在沟通和相处方面都会有困难，但作为管理者，必须在可能的范围内，尝试了解他们的性格，并进行因人而异的管理，而且要牢记，这项工作是非常需要时间和讲究方法的，不可操之过急，否则将会适得其反。

薪酬是激励下属的有效动力

有一位喜欢安静的老人独自生活了很多年，他非常习惯于这种生活，可是有一天这种生活被一群孩子的来临打乱了。社区的一群孩子每当放学后都到这位老人的房子周围玩耍，他们大声地尖叫、嬉笑，老人被他们的吵闹声弄得寝食难安、坐卧不宁。不久，这位聪明的老人想出一个办法。他走出家门对那些孩子们说："如果你们每天都到这儿来玩，我就每人给5元钱。"那天，每个孩子真的都得到了5元钱。在这以后，越来越多的孩子聚集到老人的房子周围玩耍。可是有一天老人没有出来，自然所有的孩子都没有得到钱。第二天老人还是没有出来，心急的孩子们终于敲开了老人的家门对老人说："既然你不再给我们钱，我们以后再也不到你这儿来玩了，并且告诉我们的朋友都不到你这儿来玩了。"孩子们走后，老人笑了。

上面这个故事告诉我们什么道理？为什么仅仅五元钱就起到这样大的作用呢？这个故事告诉我们：金钱能够满足人们的需求，5元钱可以让孩子们买到自己喜欢的东西。为了满足自己得到那些东西的渴望，孩子们就不断地重复老人要求的行为，而当有一天没有得到钱，自己的需求没法得到满足时，他们自然就认为应该中断那些行为。在孩子单纯的心灵里金钱是行为的一种驱动力，这恰恰证实了薪酬的内涵。薪酬最原始的形式就是金钱，薪酬是企业激励下属的原动力。

薪酬能提供一种保障，能够给员工一种宽慰，这就好比农民有一块好土地，在风调雨顺的时候，可以保证他年年能有一个好的收成。薪酬能够满足人们的基本生活的需要，能让人们买来所需要的生活必需品。在自给自足的社会里，人们可以自己生产绝大多数的生活必需品，而在如今高度商品化的社会里，人人都得为了钱而工作。我们需要钱购买所需要的一切，我们需要钱来应付我们的日常生活开支。薪酬只有能够满足员工的基本生活需要才能让员工感到安全，才会把员工留在原有岗位上继续工作，否则，员工就会考虑另外的工作选择。

薪酬对员工极为重要，它不仅是员工的一种谋生手段，而且它还能满足员工的价值感。薪酬是社会衡量一个人价值的基础体现，因此，它在很大程度上影响着一个人的情绪、积极性和能力的发挥等等。当员工处于较低的岗位时，他会积极表现，努力工作，一方面为了提高自己的岗位绩效，另一方面为了争取更高的岗位级别。他会体验到由于晋升和加薪所带来的价值实现感和被尊重的喜悦，从而更加努力地工作，这是任何企业都应该尊重的客观事实。当今的社会，企业管理者用物质来激励下属不但不是一件不光彩的事，反而有极好的效果。金钱在社会中具有重要的流通作用，通常金钱是一个人成功标志的重要组成部分。聪明的管理者最懂得用看得到、赚得到的金钱来激励下属工作的积极性。

让下属能够拥有希望

摩托罗拉企业前培训主任说过：我们的（培训）收益大约是所投资的30倍。日洁企业的高层管理者却认为，人事管理是花钱而不是赚钱的事务，是一种应该尽量减少的开支。几年来，日洁企业一直是需要人就去招聘，几乎没有对员工进行过培训。重视短期投资回报率，没有树立长期人才投资回报观，这也正是许多企业普遍存在的现象。

在日洁企业，人事主管无权参与企业的战略规划和重大决策。2000年，日洁企业收购一家生物制药厂，对于这项重大决策，人事主管事后才知道。收购不久，由于缺乏该项生物技术的专业技术人员，不到几个月，该厂就被迫停产。可见，这种传统的人事管理必然造成当企业战略规划发挥作用时，却得不到人力支持的现象。

作为管理者，要充分认识到：对人力的投入不是一项花费，而是一项投资，而且这种投资是有产出的，并能不断产生出更多的回报。

在日洁企业，包括中国许多企业都存在着这样一种观点，认为人力资源管理只是人力资源部的事。而事实上，不论是人力资源部，还是其他部门，都会被"人"的系列问题所包围，人力资源的管理是全体管理人员的职责。人力资源管理的大部分工作，如对员工的绩效考核、激励等，都是通过各部门完成的，人力资源部这时主要起协调作用。要想留住人才，还需要有效的人力资源开发手段、方法和技术。而日洁企业在这方面的工作几乎是空白。

由此可见，采取传统的人事管理的日洁企业，造成今天这种局面是必然的。

企业就像球队一样，可以高薪聘到大腕球星，但是，如果这些球星以后只能同乙级队打比赛，也一定留不住他们。要想留住人才，不但需要充分发挥他们的作用，还要让他们有明确的奋斗目标。这就要求管理者帮助下属进行职业生涯规划，了解下属任务完成情况、能力状况、需求、愿望，设身处地地帮助下属分析现状，设定未来发展的目标，制订实施计划，使下属在为企业的发展做贡献的过程中实现个人的目标，让事业来留住人才。

企业要想真正留住人才，必须树立现代的人力资源观，尽快从传统的人事管理转变到人力资源管理。需要指出的是，在知识经济时代，不仅要把人力作为一种资源，而且应当作为一种创造力越来越大的资本来进行经营与管理。

让下属的个人进步融入企业的长远规划之中，让企业的发展为下属提供更大的空间和舞台，让下属的进步推动企业的更大发展，让下属在企业有自己明确的奋斗目标，感到自己在企业里"有奔头"、有价值，愿意在企业长期干下去，在公平、合理的激励机制下建立薪酬体系、晋升制度。如果企业效益增加了，下属的收入不能相应提高，吸引人、留住人将是一句空话。作为管理者营造一个和谐的工作环境和人际关系氛围，让下属能够在工作中找到并享受乐趣吧。

学会让大家一道分享

团队中只有一个人能得到某项奖励或是认可，就意味着其他人都是失败者。偶尔某个人会比其他人更为突出，这时没有谁会妒忌他所得到的褒扬——但这种事并不多见。管理者如果非要从一批非常出色的下属中挑出一个人来，常常会挫伤其他下属的积极性，并导致他们工作表现的恶化。

许多管理者采取轮流得奖的办法来解决这一问题，他们尽可能地使每个人至少在一段时期里都能够得到一定的认可。但如何才能真正解决这个问题呢？

首先，一有良好的工作表现出现，就予以认可，不要等什么奖励周期。下层与管理者都一样喜欢盛大而耀眼的奖励。

鼓励下属相互表示对各自工作的认可。来自同事的认可，其意义与来自管理者的认可相当，有时甚至更有作用。当然，两者都有的话是最好不过了。

对特别杰出的下属，管理者的行为应注意恰当。有时，管理者应该事先把获奖者提名向下属们公布，让下属们也能得到评价的权利，或许下属们对谁应得到奖励心里最有数。

但总的看来，在管理者和下属对所有出色的工作都能给予认可前，不要采用这种只让一人独得的奖励手段。不应该鼓励下属互相竞争，"只让一人独得"的奖励正好犯了这个大忌。它不能促进合作，相反却很容易使下属互相保密，拒绝向别人提供帮助。

很多企业对最常见的认可手段——工作评估制订了严格的条件。不知是什么原因，人们认为严格限制得到高分的人数会有好处。这种想法很不现实！管理者真正应该做的是，设定一个需要全力以赴才能达到的高标准，然后尽力使所有的下属都能达到这个标准，这时管理者就可以说："当然喽，我的手下个个都非常出色。"

不断提升下属的士气

企业的管理者们都知道，提高下属的士气，营造一个良好的企业氛围对于企业来讲多么重要。因为，实在难以想象如果一个企业的员工士气低落，该企业将如何取得成功。

在有些企业中，很多员工的素质都非常好，但却没有把他们的长处充分发挥出来，很难为企业创造更大的价值。原因是什么呢？因为他们身上缺乏"E元素"。什么是"E元素"呢？就是精力（Energy）、兴奋（Excitement）、热情（Enthusiasm）、努力（Effort）、活力（Effervescence），甚至是开支（Expenditure）。企业管理者应能够把下属身上的这些E元素激发出来，让下属为企业创造更多更大的价值。

怎样才能激发员工的士气，让员工身上的E元素发挥出来从而为企业创造更大的价值呢？成功的企业都有其一定的方法，每个企业的具体做法也不一样，但是总结起来，这些企业一般会从以下几方面去努力：

首先，企业应有能鼓舞和激励员工的远景目标。企业的远景目标要能够召唤并驱使人向前，它能激发员工内心有意义的价值，并能鼓舞追随者。

第二，使员工了解自己工作的价值。没有什么比意识到自己所做的工作毫无价值更让人士气低落的了。所以一定要让员工了解自己工作的价值所在，不管是处于技术岗位、管理岗位或行政后勤岗位，都有其独特的价值。企业管理者应首先让员工充分了解自己岗位的价值，使员工意识到自己是在做有意义的工作。

第三，给员工以一定的自由度，让员工进行自主管理。员工在一种被动执行上级指令的状态下工作很难发挥出创造性来，员工也会很快觉得工作比较刻板与乏味，从而丧失工作热情与积极性。因此上级给下属适当的授权，而不是事必躬亲或事无巨细都安排好，能够让下属感觉到自己是工作的主人，而不是被动的机器，这样才能够充分发挥下属的主观能动性，使下属对工作充满热情。

第四，要鼓励创新。员工的工作模式和工作内容总是一成不变，就会感到缺乏新鲜感，从而逐渐形成惰性，即使是很简单的工作，也可能做得力不从心。所以，管理者应鼓励下属在做好本职工作的基础上不断创新，从而对原有工作进行改善。下属在一种持续改进工作动力的驱使下，会更积极努力地工作。当然，这种创新不一定是彻头彻尾的创新，可以在原有工作的基础上，对部分工作的方法、内容等进行创新，继承原有的合理的部分。

第五，建立一种相互信任、融洽沟通的氛围。企业是一个整体，企业的各个部门、各个岗位都是企业链条上不可缺少的一环，因此，要想实现企业的总体目标，必须要协调各个部门、各个岗位的力量共同完成任务，沟通就显得尤为重要。而要进行顺利的沟通，信任是一个前提和基础。员工只有在信任的基础上才能进行充分沟通。所以企业的管理者应该在企业内建立一种相互信任、融洽沟通的氛围。管理者应当信任下属，下属也应信任管理者。下属之间也应相互信任，在相互信任的基础上进行融洽地沟通。

最后，企业应重视人性化管理。员工不是工作的机器，他首先是人，有人的各种需求。企业应了解员工的需求，员工的生活，员工的兴趣、爱好。企业应能适当尊重员工的需求，如定期举办一些活动等，让员工不仅有工作上的紧张，也有身心上的放松。

当然，激发员工的士气，开发员工的潜能，除了以上所说的几个方面，还有其他一些方法。总之，管理者应有这种意识，就是要不断地去提高下属的士气，让下属身上的"E元素"充分地发挥出来，让下属的潜力充分地发挥出来，从而更好地为企业创造价值。

巧用"鲶鱼效应"

有专家研究发现，企业基本上由三种人组成：一是不可缺少的干才；二是以企业为家辛勤工作的人才；三是终日东游西荡、拖企业后腿的"蠢才"或"废才"。

怎样管理这三种人呢？下面的"鲶鱼效应"将给人以启发。

挪威人的渔船返回港湾，鱼贩子们都挤上来买鱼。可是渔民们捕来的沙丁鱼已经死了，只能低价处理。渔民们哀叹起来："上帝，我们太不幸了。"

只有汉斯捕来的沙丁鱼还是活蹦乱跳的。商人们纷纷涌向汉斯："我出高价，卖给我吧！"

商人问："你用什么办法使沙丁鱼活下来呢？"

汉斯说："你们去看看我的鱼槽吧！"

原来，汉斯的鱼槽里有一条活泼的鲶鱼到处乱窜，使沙丁鱼们紧张起来，加速游动，因而它们才得以存活下来。

其实用人也是同样的道理。一个企业如果人员长期稳定，就会缺乏新鲜感和活力，产生惰性。受到启发，一位企业管理者请来一条"鲶鱼"，让他担任部门的新主管。企业上下的"沙丁鱼"们立刻产生了紧张感。

"你看新主管工作的速度多快呀！""我们也加紧干吧，不然就要被炒鱿鱼了。"这就产生了"鲶鱼效应"。整个企业的工作效率不断提高，利润自然是翻着筋斗上升。

想要振奋起员工的奋斗意志，首先就是要建立危机意识。若是员工没有危机意识，就会安于现状，而企业当然更不会进步。企业光荣的历史不能一直缅怀，大家不能总是"吃老本"，因为这样会让员工失去忧患意识。所谓"生于忧患，死于安乐"就是这个道理。

帮助下属做好职业规划

联想的员工发展理念是"个人主动规划，上级指导；业务提供事业空间和发展舞台；人力资源建立机制和体系保障"，也就是员工职业发展的实现需要个人自我负责，业务和人力资源提供平台。

联想一直致力于为下属提供多条发展路径，帮助个人实践在联想的职业发展。在联想除了"经理—高级经理/总监—总经理—副总裁—总裁"的管理发展路径外，2000年开始，联想首先从研发人员开始建立专业发展道路——推出了联想自己的技术职称体系。有志于在专业方面精深发展的研发人员可以沿着"助理工程师—工程师—主管工程师—资深工程师—副主任工程师—主任工程师—副总工程师"的路径发展，企业通过制度保障高级研发人员的责权匹配。

　　2001年至今，在研发、工程、技术支持三个技术专业序列外，联想逐步开始建立渠道销售、大客户销售、产品、采购、财务、管理咨询（IT）等岗位序列的专业发展道路，通过明确各专业序列不同层级岗位的胜任能力要求，为员工确立专业发展路径和方向。比如，对一个渠道销售人员可以沿着销售助理、业务代表、高级业务代表、资深业务代表的路径规划发展自己的职业生涯。

　　在不同专业序列能力体系的基础上，企业有针对性地开发系列培训课程，或选择适合的外部培训学习方式。员工和直接上级就能力发展需要达成共识，通过选择不同的培训提高各项能力。同时，企业还推行轮岗及关键岗位的竞聘制度，让员工多方面发挥和展现自己的能力。

　　两条发展道路是实现联想下属职业发展的重要机制：对个人来说，员工可以根据个人的特长和职业兴趣选择适合的发展路径，实践自身的职业发展；对企业来说，为各类专业人才提供更多的选择机会和发展空间，最大限度地发挥了下属的潜能。什么是事业发展与规划管理？就是企业通过人力资源发展部门，将下属追求个人事业的活动，纳入到组织发展过程中的人力资源配置和人员培训等一系列活动之中。

　　对下属来说，事业发展与规划是一个不断寻求工作与生活质量满意的动态平衡过程。对企业来说，帮助员工规划和发展他们的事业是最具长期效应的激励措施。通过事业发展与规划管理，能使员工的需要和利益相容于组织的目标和利益。事业发展与规划管理的过程，也就是组织和个人的目标和利益相匹配的动态发展过程。

　　事业发展和规划管理是以企业与员工共同成长、共同发展和共存共荣观念为基础的，是企业以人为本管理思想的较好的实现方式。它具有深层次的激励效应，具体表现在：从信息沟通的方式看，以上的匹配过程是一个单线的双向交流过程，这一过程允许员工自由提问，使员工具有平等感；从满足员工的需要层次看，这一过程能满足员工的情感需要、受尊重的需要，以及有助于满足自我实现需要，所满足的是高层次的需要：从丰富工作内容方面看，这一过程有助于员工选择做他愿意做的工作，双方可以讨论重新设计工作和工作轮换问题，可以讨论调整工作责任问题，这些都可以提高员工的工作生活质量：从员工的事业发展方面看，双方讨论员工的事业发展领域及所需的技能，并为他提供继续教育和通过参与特殊项目来发展下属的个人能力的机会，这样有助于留住优秀人才。

作为管理者，要善于将下属的绩效与对组织的贡献联系起来，增强下属对企业的归属感和自豪感，并有助于培养下属从企业大局考虑问题；另一方面，主管还要听取下属对工作绩效的自我评价，这样有助于下属提高对工作本身的绩效。从维持下属的事业和家庭的平衡发展看，双方讨论下属对业余时间的支配和发展家庭关系问题，还能满足下属提高生活质量方面的要求。从下属事业发展的途径看，能使下属的事业发展途径多样化，他既可以沿垂直的组织等级阶梯向上发展，也可以在平行的相关职位上发展，还可以通过进入"专家组"，作为"核心分子"来发展。从对企业发展的风险防范角度看，由于双方讨论的问题都是未来导向性的，就使企业变革和下属的工作转换都处于相对平衡的状态，避免突然变化给双方带来的损失。

适时地进行物质奖励

现在提倡精神奖励比较多，但在任何时候，管理者都不要忽视物质奖励，物质奖励是所有奖励的基础。管理者要激励下属就必须适时地对下属进行物质奖励。

1. 应该对完成了既定目标的下属进行奖励

马戏团里的海豚每完成一个动作，就会获得一份自己喜欢的食物，这是驯兽员训练动物的诀窍所在。人也一样，如果完成某个目标而受到了奖励，他在今后就会更加努力地重复这种行为。这种做法叫行为强化。对于一名长期迟到30分钟以上的下属，如果这次他只迟到20分钟，管理者就应当对此进行赞赏，以强化他的进步行为。优秀的管理者应当想办法增加奖励的透明度，比如把下属每月的工资、奖金等张榜公布：或者对受嘉奖的下属进行公示。这样往往能够激励下属。

2. 要针对不同的下属进行不同的奖励

人的需求包括生理需求、安全需求、社会需求、新生需求和自我实现需求等若干层次。当一种需求得到满足之后，就会转向其他需求。每个人的需求各不相同，对某个人有效的奖励措施可能对其他人就没有效果，所以管理者应当针对下属的差异对他们进行个别化的奖励。比如，有的下属可能希望得到更高的工资，另一些人也许并不在乎工资而希望得到纪念品之类的奖励，因此管理者必须首先弄清楚下属到底需要什么层次的物质奖励。

3. 奖励机制一定要公平

人不是在真空中进行工作，他们总是在不断进行比较，不公平会让他们丧失工作的信心和积极性。因此，管理者在设计薪酬体系的时候，下属的经验、能力、努力程度等应当获得公平的评价。只有公平的奖励机制才能激发下属的工作热情。

实施各种减轻压力计划

企业管理者应充分关心、关注、调查、分析下属体会到的压力源及其类型，从企业层面上拟定并实施各种压力减轻计划，有效管理、减轻下属压力。

首先要改善企业的工作环境和条件，减轻或消除工作条件恶劣给下属带来的压力。力求创造高效率的工作环境并严格控制打扰。如关注噪声、光线、舒适、整洁、装饰等方面，给下属提供一个赏心悦目的工作空间，有利于下属与工作环境相适应，提高下属的安全感和舒适感，减轻压力。同时要确保下属拥有做好工作的良好的工具、设备，如及时更新陈旧的电脑、复印机、传真机等。

其次要从企业文化氛围上鼓励并帮助下属提高心理保健能力，学会缓解压力、自我放松。管理者应该向下属提供压力管理的信息、知识。企业可为员工订有关保持心理健康与卫生的期刊、杂志，让员工免费阅读。当然还可开设宣传专栏，普及心理健康知识，有条件的企业还可开设有关压力管理的课程或定期邀请专家作讲座、报告。同时管理者可以向下属提供保健或健康项目，鼓励下属养成良好的、健康的生活方式。如有些企业建立了专门的保健室，向员工提供各种锻炼、放松设备，让员工免费使用。

最后是从企业制度、程序上帮助减轻下属的压力，加强过程管理。这要求管理者注意识别人力资源的特点，选拔与工作要求相符合的下属，力求避免上岗后因无法胜任工作而产生巨大心理压力现象。同时管理者还应该力求人与事的最佳配置，并清楚地定义在该岗位上下属的角色、职责、任务，这样可减轻因角色模糊、角色冲突等引起的心理压力。当然管理者也应该帮助下属改善思维，抛弃不切实际的、期望值太高的目标，而建立现实客观的发展目标。

第三章

管理者要能做到授权团队

　　如何让下属找到自己的存在感？一个是用一定的方法激励他们，另一个就是管理者要学会适当放权给他们，从而让他们拥有"主人翁"的意识，能够更好地为企业工作。

合理授权可以满足下属的归属感

合理的授权，有利于调动员工在工作中的积极性、主动性和创造性，激发员工的工作情绪，增长才干，培养人才，使上级管理者的思想意图为群体成员所接受。

北欧航空企业董事长卡尔松大刀阔斧地改革北欧航空系统的陈规陋习，就是依靠合理的授权，给部下充分的信任和活动自由而进行的。开始时，他将目标定为把北欧航空企业变成欧洲最准时的航空企业，但他想不出该怎么下手。卡尔松到处寻找，看到底由哪些人来负责处理此事，最后他终于找到了合适的人选。于是卡尔松去拜访那人："我们怎样才能成为欧洲最准时的航空企业，你能不能替我找到答案？过几个星期来见我，看看我们能不能达到这个目标。"几个星期后，那人约见卡尔松。卡尔松问他："怎么样，可不可以做到？"

那人回答："可以，不过大概要花六个月，还可能花掉160万美元。"

卡尔松插嘴说："太好了，说下去。"因为他本来估计要花五倍多的代价。

那人吓了一跳，继续说："等一下，我带了人来，准备向你汇报，我们可以告诉你到底我们想怎么干。"大约四个半月后，那人请卡尔松看他几个月来的成绩。当然已使北欧航空企业成为欧洲第一，但这还不是他请卡尔松来的唯一原因，更重要的是他还省下了50万美元。

卡尔松事后说："如果我先是对他说：'好，现在交给你一项任务，我要你使我们企业成为欧洲最准时的航空企业，现在我给你200万美元，你要这么这么做。'结果怎样，你们一定也可以预想到。他一定会在六个月以后回来对我说：'我们已经照你所说的做了，而且也有了一定进展，不过离目标还有一段距离，也许还需花90天左右才能做好，而且还要100万美元经费。'可是这一次这种拖拖拉拉的事却不曾发生。他要这个数目，我就照他要的给，他顺顺利利地就把工作做完了，也办好了。"

可见，合理授权的重要性有多大。

不愿授权和不会授权的管理者，将给自己积聚愈来愈多的决策事务，使自己在日常琐碎的工作细节中越陷越深，甚至成为碌碌无为的"事务主义"者。由于个人的时间和精力有限，这种管理者最后不得不"分给别人一点"。到此地步，有些事已一拖再拖，另一些事可能根本无暇顾及，导致许多需要管理者处理的大事却搁在一边。另外，下属的积极性也受到压抑，工作失去了兴趣和主动性。所以，作为管理者，贵在学会科学地授权。通过合理授权，使管理者重在管理，而非从事具体事务；重在战略，而非战术；重在统帅，而非用兵。通过"分身之术"，有利于管理者议大事、抓大事，居高临下，把握全局。合理的授权有以下两点作用：

1. 满足下属的自我归属感

所有成功的管理者都要创造一种氛围，这种氛围能使下属在理性上和情感上都融入工作。授权是促使这种融入的一个战略方法。善于授权的管理者能够创造一种"管理气候"，使下属在此"气候"中自愿从事富有挑战意义的工作。这些成功的管理者是通过信任下属，给下属提供充分加入有意义工作的机会，来刺激下属的工作意识。管理者对下属的看法要积极，要有"多给他们一点"的态度，激发下属产生"核聚变"：挖掘潜力，让众多大脑都开动起来，充分发挥下属的技能和才干。管理者若不授权于下属，那他不但无法充分利用下属的专长，而且无法发现下属的真才实学。因此，授权可以发现人才，利用人才，锻炼人才，使管理者的工作呈现一个朝气蓬勃、生龙活虎的局面。

2. 调动下属积极性的需要

管理者合理授权，有助于锻炼和提高下属的才干，提高领导体系的总体水平，从而提高管理效率。管理者的合理授权使下属获得了实践机会和提高的条件。随着下属在实践中学得更多的真知，管理者可根据工作的需要授予他们更多的权力和责任。应该说，管理者要下属担当一定的职责，就要授予其相应的权力。敢不敢授权，是衡量一个管理者用人艺术高低的重要标志。如果管理者对下属不放权，或放权之后又常常横加干预、指手画脚，必然造成管理混乱。另一方面，下属因未获得必要的信任，也会失去积极性。而合理的授权则有利于增强下属的积极性和创造性。

学会分权管理

　　管理者自然拥有权力，然而要做好管理，管理者就不能把大权都统在自己一个人手中，而应将权力分一些给下属，以权统人。

　　从另一方面来说，一个人的能力总是有限的，即使管理者"日理万机"，想要把所有的事都照顾过来，都办好，那也是不可能的。

　　管理者要想让自己的管理才能得到发挥，要想维护系统的有机运转，就必须在抓住主要权力的同时，合理地向下属授权，这对搞好工作，提高管理工作的效率，有着极为重要的意义。

　　一方面，授权是实现总体管理目标的需要。任何管理目标都是若干较低层次目标的总称。所以要搞好管理，实现目标，最好的方法是把较大的目标，分成若干较小的目标，再由专人负责不同的目标，这样可以减少精力分散，可以让多级管理者齐心合力为实现总体目标而努力。

　　另一方面，授权可以发挥员工在工作中的积极性、主动性和创造性，可以使管理者的智慧和能力得以延伸和放大。让企业中的局面由管理者一个人忙得不可开交，而下属不知该做什么，一个个无所事事，变成整个企业的下属都忙起来，而且忙得有意义。

　　同时，授权有助于使下属在实际工作中得到锻炼，提高其工作能力，有助于其全面发展。如果所有的下属都得到了这样的锻炼和提高，那整个企业中员工的整体素质水平就可以相应地水涨船高。

最后，授权可以使管理者从一般的事务性的工作中得以解脱出来，集中精力抓一些大事。管理者的职责应当是考虑企业的发展大计，制订整体性的、宏观的目标和计划，而不应当纠缠在一些小事上。

授权是一个重要的管理方法，也是一门精巧的管理艺术，所以管理者不仅要充分意识其重要性，还要在实践中认真地摸索，在运用中学会授权。

主要管理者应当是帅才，总揽全局，通盘考虑关乎全局的大事，应当管好"面"上的大事，而其他管理者则是将才，他们应当各司其职，管好"线"上的工作，而下属则是士兵，应当做好自己的本职工作，做好"点"上的事情。

因此，企业的最高管理者应当学会"大权独揽，小权分散，以权统人，调动部属"。

一般来说，最高管理者只需把握好三种权力，不能让其他人越俎代庖。

1．管理者应保留对企业中关系到工作前途和工作成果的最后决定权，在下属意见出现分歧时能够权衡利弊，进行"拍板"。

2．管理者应掌握对直接下属和关键部门的人事任免权，这样才能保证企业的正常运转和自己决策的贯彻执行。

3．管理者应保留对直接下属之间相互关系的协调，让大家精诚合作，共同把企业建设得更好。

各司其职，层次分明

　　想做到企业管理有条不紊就要有层次，现代管理有着明显的层次分别。一个企业中有决策层、管理层、执行层，各层次都分有与之相对应的职责和权利：决策层负责企业的经营战略、规划和生产任务的布置；管理层负责计划管理和组织生产；执行层负责具体的执行操作。如果企业管理者不能正确对待这一管理中存在的客观事实，便会在管理中不可避免地出现这样或那样的问题。

　　有一名厂长见到工人迟到就训斥一番，看到服务员的态度不好也要批评一顿。表面上看他是一位挺负责的管理者，而实际上他却违背了"无论对哪一件工作来说，一个下属应该接受一个管理者的命令"这样一个指挥原则，犯了越权指挥错误。下属的出勤本来是车间主任的管理范围，服务员的态度好坏是企业办公室主任的管理范围，厂长的任务则是制订企业的经营战略和生产规划，他管理的人员应是各车间及职能科室的负责人。

　　作为管理者，管得过多过细往往会打破正常的管理秩序，使管理处于紊乱状态，影响企业的效益。对于员工来说，一会儿厂长说个东，一会儿主任道个西，前后指令不统一，令出多门，交叉重复，会令他们无所适从。管理应具有层次，而企业管理者在管理中应体现出这种层次，避免"越俎代庖"的现象发生。

第三章　管理者要能做到授权团队

45

聪明人喜欢自己思考，独立行事，只有懒虫、愚蠢的人才会事无巨细地完全受命于人。如果企业的最高管理者越权指挥，包办一切，什么都不放心，从企业的经营策略到车间的生产计划，再到窗户擦得是否干净，他全管，这就恰好适应了那些懒虫的心理习惯：他们不愿动脑，不愿思考，只需伸手，便可完成工作了，出了问题也不承担责任。而此时正好有管理者事事包揽，谁不喜欢这样的"好"管理者？

美国有个叫汉斯的企业家在发展到拥有几家大百货商场后，依旧采用小店铺的领导作风，对企业的上上下下，关切个透彻：哪个管理者做什么，该怎么做；哪个下属做什么，该怎么做，他都布置得精微妥帖。而当他出外度假时，才出门一周，反映企业问题的信件和电话就源源不断，而且全是些企业内部的琐碎小事。这使得汉斯不得不提前结束原准备休一个月的假期，回企业处理那些琐碎的问题。

假如汉斯在企业管理中做到层次分明、职责清晰，怎么会度不成一个安稳的假期呢？究其原因，在于他的管理有问题，滋养员工们的惰性，造成了事无大小全凭指挥的缺乏思考和创造性的局面，以至于离了他，企业便无法正常运转。就管理成效而言，这是一种十分糟糕的情况。

企业最高管理者全面管理、包办一切的另外一个害处，是不利于调动员工的积极性与创造性，不能尽人才之用。创造性只有在不断的实践中才能体现出来，而越权指挥的管理者恰好就截断了通向创造性的通道，使下属和部下的行为完全听从于个人的命令和指挥。长此以往，会使他们认为想也是白想，最高管理者一切都安排好了，即使有再新再好的创意也难见天日。个人的创造性不能在企业创业的过程中得以体现，人也就没什么积极性可言，慢慢地人就变成机器一样，出了问题，出了毛病，便停止工作，只有等最高管理者赶来修好，才能继续运转，没有一点的能动性。对于那些有才华、有能力的员工，他们会比普通人更加迫切地希望体现自己的价值，而工作中却处处都得不到机会，在这种情况下，难免会有一种压抑感，积得久了，就会递个辞呈走人，这也是可以意料的事。

给下属们以相当程度的自主性，并不意味着高层管理者对管理人员的纰漏、下属的错误等等就应该不管不问，听之任之。问题是要采取对路的管理方法，管教合适的对象，如果在十分紧急的情况下，把越权指挥当成临时的应急措施也未尝不可，但事后一定要马上向分工管理那件事的部下通报情况，以免造成管理上的紊乱。

在企业中，管理者要和下属打成一片，但在涉及具体的权利和职责，或处理企业内部中的种种问题时，管理者就必须注意管理的层次，切忌越权指挥，对一个现代化的企业，企业管理者更不宜全方位插手大大小小的事务。

明白哪个下属可以授权

什么样的下属是管理者可以放心授权的呢？

1.忠实执行上司命令的人

管理者下达的命令，无论如何也得全力以赴、忠实执行，这是下属必须严守的第一大原则。如果下属的意见与其上司意见有出入，当然可以陈述他的意见。陈述之后，上司仍然不接受，就要服从上司的意见。有些下属在自己的意见不被采纳时，就抱着自暴自弃的态度去做事，这样的人没有资格成为上司的辅佐人。

2. 知道自己权限的人

下属必须认清什么事在自己的权限之内，什么事自己无权决定，绝不能混淆这种界限。如果发生某种问题，而且又是自己权限之外的事，就不能拖拖拉拉，而应该即刻向上司请示。如果越过直接上司与上级直接交涉、协调，等于把直接上司架空，也破坏了命令系统，应该列为禁忌。非要越级与上级联络、协调的时候，原则上，也要先跟直接上司打个招呼，获得认可。

3. 勇于承担责任的人

有些下属在自己负责的工作发生错误或偏差的时候，总是举出一大堆理由，这种将责任推卸得一干二净的人，实在不能信任。主管者负责的工作，可以说是由上司赋予全责，不管原因何在，主管者必须为错误负起全责。他顶多只能对上司说一声："是我领导不力，督促不够。"如果上司问起错误的原因，必须据实说明，千万不能有任何辩解的意味。一个主管者必须有"功归部属、失败由我负全责"的胸怀和度量。

4. 不是事事请示的人

遇到稍有例外的事，部属稍有过失或者旁人看来极琐碎的事，也都一一搬到上司面前去请示，这样的下属，令人不禁要问：他这个管理者是怎么当的？

下属对管理者不该有依赖心理。事事请求不但增加了管理者的负担，而且下属本身也很难"成长"。应该让下属拥有执行工作所需要的权限。他必须在不逾越权限的情况下，凭自己的判断把分内的事处理得干净利落，这才是管理者期待的好下属。

总部设在密歇根州的多米诺必胜客连锁店，十分看重那些胸怀企业宗旨、敢于独立行事的员工。企业配送中心的一名清洁工，在下班之后忽然接到一个电话，原来是几百英里外的一家分店打来的紧急电话，他们那里用于制作比萨饼的配料胡椒粉快用完了，请求中心送货。虽然已经下班了，但这名清洁工搁下电话，扛起一箱胡椒粉，抓过钥匙，直奔送货车。他及时把货送到了那里，保证了那家分店供给顾客的是"货真价实"的比萨饼。企业需要的正是这样的员工。

5. 提供情报给上司的人

员工在与外界人士接触的过程中，经常会得到各种各样的情报，这些情报，有些是对企业有益或是值得参考的，下属必须把这些情报谨记在心，事后把它们提供给管理者。

向管理者做某种说明或报告的时候，有些下属习惯于把它说得有利，如此一来，极易让管理者出现判断偏差。下属在说明与报告时必须遵守如下原则：不可偏于一方，从大局出发，扼要陈述。

群策群力方案是通用电气企业为激发下属活力所采取的一整套方案中的重要一环，它使下属的建议得到重视，得以实施。在企业设在肯塔基州路易斯维尔的设备分厂里时，工作环境一度很差，又潮湿又闷热。为了使上级了解到这里的情况，有一名下属想出一个好主意，他请上司杰夫·斯沃鲍德在35℃～36℃高温下的停车场听取工作汇报。暴晒在烈日下的斯沃鲍德马上就明白了下属的用意，他马上同意在厂房里进行通风改造，并安装了更多的风扇。

6. 上司不在时能负起留守之责的人

有些下属在上司不在的时候，总是精神松懈，忘了自己应尽的责任。

例如，下班时间一到就赶着回家，办公时间内借故外出，长时间不回。按理说，上司不在，主管就该负起留守的责任。上司回来后，就向他报告他不在时发生的事以及处理的经过。如果有代上司行使职权的事，就应该将它记录下来，事后做出详尽的报告。

7. 能够随时回答上司提问的人

当上司问及工作的方式、进行状况或是今后的预测，或有关的数字时，必须能够当场回答。

好多主管被问到这些问题的时候，还得向部下探问才能回答，这样的主管，不但无法管理部属与工作，也难以成为最高管理者的辅佐人。主管必须随时掌握职责范围内的全盘工作，在最高管理者提到有关问题的时候，都能立刻回答才行。

某家软件开发商坐落在美国加州洛斯加托斯市。每年，企业的员工都要与顶头上司的上司进行一次越级对话。下属常常被问及诸如他们过得怎么样，工作的进展情况等问题。按照董事长拉西·爱德华兹的说法："这样做就给了全体职员一个正当的机会来讨论问题，也使他们借此机会了解一下在企业内部做其他工作的可能性。"

8. 致力于消除上司误解的人

管理者并非圣贤，也会犯错误或是发生误解。管理者的误解往往波及部下晋升、加薪等问题。碰到这种情况的时候，下属千万不能一句"没办法"就放弃了事，而是必须竭力消除上司的这种误解。

9. 向上司提出问题的人

高层领导由于事务繁忙，平时很难直接掌握各种细节问题，能够确实掌握问题的人，非中下级主管莫属。因此，主管必须向上司提出所辖部门的目前的问题，以及将来必然面临的问题，同时一并提出对策，供上司参考。

授权遵守的六大原则

授权要符合管理活动的规律，要有利于实行有效的统帅与指挥。

1. 合理授权原则

战国末期杰出思想家韩非在《孤愤》中论述过："万乘之患，大臣太重；千乘之患，左右太信。"这话的意思是说，无论大国小国，祸患都在于君主过分宠信左右臣子，让他们拥权过重。

历史上有许多例子说明不合理地向下授权会造成严重的后果。法国国王路易十四，晚年宠信"外表文静、内心暴戾"的神父勒泰利埃，竟使他滥用权力，大肆迫害反对他的教徒，监狱里关满了无辜的平民。我国明朝皇帝熹宗朱由检，昏庸无道，对宠臣魏忠贤授予不合理的权力，不管魏忠贤启奏何事，他都是一句话："你看着办吧，怎么办都行。"结果，促使魏忠贤胆大妄为，敢遍设特务组织锦衣卫，肆无忌惮地杀戮重臣名将。

以上这些都是授权不合理的典型，是值得警醒的。在现代企业里，也有这种授权不合理的现象。用人偏听偏信，放权不当，领导授权超出了合理的范围，其结果是促成大权旁落，出现难以收拾的局面，使企业管理者的活动受到干扰，管理工作计划遭到破坏，影响企业的经营成果，任务、目标不能达成。

事实证明，管理者放权不是放任，放任就要坏事，该放多少权就放多少权，要放得适当。管理者在授权过程中，切忌大撒手，那样会把事情搞糟的。

2. 以信为原则

信任是授权、用权的关键。管理者授权有没有效，在很大程度上取决于此。放碗不放筷，想放又不敢放，放后又干涉，放了又收，收了又放，犹犹豫豫、反反复复，这些都是不信任的表现。管理者不信任的授权，等于没授权。坚持信任原则，管理者就要彻底放权，真正做到"将在外，君命有所不受"，放手让下属去干。

日本著名企业家土光敏夫曾经讲过这样的话："目标与方针一旦确定下来，至于完成任务的方法，就应放手让他去做，去决定。"

香港光大实业企业，总经理下设许多"项目经理"，他们在职权范围内自主处理问题。有一次，中国远洋企业为加收一笔3万美元的运输费，打电话找到北京光大企业的一位项目经理，这位年轻经理当即拍板同意。远洋企业的人听了大吃一惊，一再问是不是要请示一下总经理，得到的回答是："在我职权范围内的生意，我说了算。"结果，这件事很快办成了。

3. 量力授权原则

管理者向下属授权，应当视自己的权力范围和下属的承受力而定，既不可超越自己的权力范围，又不能不顾及被授权者的承受能力。管理者授予的权力，一不要超负荷，不能使下属承担不了，还硬给他们一些不适度的权力；二不要授权不足，不充分授权，这样，会影响被授权者能力的发挥。量力授权原则，适合于各级管理者的授权，也是授权的一项基本原则。

从实际上来看，量力授权是授权过程中最难做的事。到底授多少，这是一种艺术，也是一门科学。做到了量力授权，便是做到了授权中的"理"。

4. 带责授权原则

管理者授权并非卸责。权力下授，并未减轻领导的责任。领导授权给下属，还要把责任留给自己，这也是授权的一项基本原则。

管理者在向下授权的同时，也必须明确被授权者的责任，将权力与责任一并赋予对方。这种授权方式不仅可以有力地保证被授权者积极地去完成所承担的任务，而且可以堵住上下推卸责任的漏洞，使被授权者不至于争功诿过，而会忠于职守，努力工作，发挥自己的主动性和创造性。而且，这种带责授权的方法，体现了责权一致的精神。

带责授权中的责任，包括两个方面：一个是被授权者在行使权力的过程中应遵守什么，这是一种责任；另一个是对活动的结果又应负有什么责任。对于这两个方面，管理者在授权时都要做出明确的规定，要讲得清清楚楚。这既是责任范围，也是权力范围，只有规定清楚，才能便于执行。

5. 授中有控原则

管理者授权，不是把权力放下去以后就撒手不管了，授权之后必有的一步便是控制。授权要有某种可控程度，不具可控性的授权就不是授权，而是管理者弃权。

所谓可控授权原则就是授权者应该而且能够有效地对被授权者实施指导、检查和监督。管理者不能把所有的权力都下放，应该掌握一部分权力，例如重要部门的人事任免权以及需要直接处理的下属之间发生问题的协调权、事关前途命运的一些大事、要事的决定权等等，这些权力自然要管理者亲自掌握，管理者要真正做到权力能放、能控、能收。

授权之后，管理者的具体事务减少了，但管理者指导、监督、检查的职能却相对增加了。管理者的这种指导、监督和检查并不是干预，而是一种把握方向的行为。

松下幸之助讲，真正的"将在外，君不御"也是一种控制，因为"君不御"是有条件的，即"坚持经营方针，有使命感"。"坚持经营方针"实际上等于管理者牢牢地掌握总目标，被授权者在行动上并没有出现偏差、矛盾和问题。"有使命感"说明被授权者能够自觉地以高度负责的精神把工作做好。

6. 宽容失败原则

真正的授权是以管理者宽容下属的失败为前提的。国内外成功的管理者，总是这样教导下属："别怕什么失败，充分行使你的职权吧，全部责任由我来负！"在他们看来，办什么事情，失败的可能性都是经常存在的。怕失败，就不能坚持，这就注定要失败，所以必须宽容失败。

在这里管理者还应分清宽容和迁就这两个不同的概念，管理者要求有宽容的态度，绝不是无理的迁就。宽容是管理者的气度，是不计较的意思；而迁就则属于不讲原则、降低标准，这两者是不能混为一谈的。

当然，以上是管理者授权过程中要遵循的基本原则，这并不是要求领导必须按以上原则办事，而应具体情况具体分析，管理者要灵活地把握情况，确定该如何授权，这是一门可以让管理者受益一生的艺术。

授权应该具体而且正式

关于成功授权有一个不变的主题：先计划好时间，以免将来浪费时间。或者说是：管理者与其以后不断抱怨，不如现在将它们解释清楚。授权会议是体现这些警示最佳的方式。

有些管理者在准备授权时，有很好的意向和构思严密的计划。他们对工作进行分析，挑选出正确的任务进行授权，制订非常实际的工作目标，并将这些目标分配给合适的下属。但是，这些很好的准备工作却被后来的行为破坏殆尽。原本与下属一起花上足够的时间开一个授权会议是十分关键的，但有些管理者却草草说几句，下属们糊里糊涂，不知道自己该干什么。授权的前期准备工作做得很到位，但却由于对授权的正式性、严肃性不够重视而前功尽弃。

不要急急忙忙地授权。走廊上漫不经心的讨论和嘈杂的会议室不是一个足以传递授权重要任务的场所。应该安排充足的时间来授权，理想的选择是在办公室认认真真地举行一个授权会议。讨论和提问时间要充分。有时一个重要的授权会议可能需要一小时，就是分配一个简单的任务，也要十分钟，不要想当然地认为下属能很容易地领会，管理者应该向他们解释清楚。如果因为没有传递充分的信息而使下属没能很好地完成任务，那么责任在管理者。所以，授权必须是一件很严肃的事，应该谨慎对待。

授权的第一步就是计划授权会议。必须在授权会议开始前认真考虑整个授权过程。也要清楚了解：如果下属被授权从事这份工作，他们需要得到什么支持、资源甚至权力，同时应预测下属们会遇到什么样的问题和困难。一旦准备召开授权会议，请参考以下所列的五个步骤。

表明目标。清楚地向被授权下属表达管理者要求达到的目标，只有在有清晰的目标时才开始行动，当管理者明确这些目标后，将它们写下来。用最多20个字将项目目标陈述清楚，包括可衡量的成绩标准。如果觉得写不下来，就重新分析这个授权，将它最小化和具体化。定期地让自己和下属反复重温这些目标。如果它是一个很小的任务，简单复查一两次就足够了。但一个为期六个月的项目可能会需要每个月都进行复查，以确保这些目标仍然可行。复查这些目标可以避免工作中产生的困惑。不要过分强调遵循固定的工作方法，这样将给下属们太多限制，并会削弱授权的影响力。用不着教他人怎样做事情，只教他们去做什么。而他们将用创造力来给你惊喜。管理者所表明的目标是双方对一个客观成绩的认同。

下面是两种不同的授权方式，可以看出两者的差异：

第一种方式："将这些人事调整报告以公函形式复印500份，发给各店铺主管。马上就给我去干。"

第二种方式："公司的销售网络包括500个店铺，而我想尽快地通知各店铺主管有关公司的人事调整情况。我希望你能够处理这项工作，你能不能考虑一下，并且在半个小时之后和我进行讨论？"

下属可能会让你大吃一惊。她可能会建议你同时把即将复印的公司新闻通报备忘录也发给主管们；或者她会认为唯一可行的方式是发给主管们

500份表格式信件：可能她不知道该如何完成这个任务。很好！你现在有机会教她两件事：第一，给500个人传递信息，有很多种不同的方法；第二，你在授权她去做这份工作时会不断需要她的主意和帮助。

设定时间表。如果被授权下属认为无法按期完成任务，在允许的情况下，管理者应和他一起制订出更可行的时间表。允许下属制订他们自己的时间表比他们被动授权要好。如果被授权的人能够自行决定任务的时间安排，将使他们对面临的任务有更强的使命感。

但是，情况有时候确实需要管理者来制订完成时限。要确保被授权下属明白该项工作中有哪些任务应该优先处理，也要让他们明白不是管理者授权的每一件工作都必须优先处理。当然，明确时限是必要的，要避免像"任何时候你完成都行"和"那就下个月的某个时候吧"之类的表述。一定要建立一些汇报程序，以使管理者能够监督工作进程。此外，还要建立必要的复查机制，这样做可以给被授权者一个关注日程中其他任务的机会。对于一个简单的任务，一两次复查就足够了。复杂任务则要求举行有具体议程的例会，以及制订整体任务进程中各分步的时限。告诉被授权者，如果没有充分的理由，所有的检查时间和最后完成时间是不能变更的。

分配必要的权力。无论管理者何时分配工作，都应该给下属执行工作的足够权力，应让每一个被授权下属了解管理者赋予了他权力，尽可能地将下属介绍给与任务相关的人士，包括上司、同事和支持人员。应明确被授权下属现在有足够的权力来完成这项任务，并且让他知道管理者期待他能够解决工作中的所有困难。

明确责任分担。将一项任务完整地授权能够提高被授权者的兴趣和成就感。在每个授权中让自己对下属们充满信心，如果对某个下属没信心就不应该授权给他。明确被授权者对任务所负的责任有助于两件事：一是让下属知道这已经是他们自己的事了，他们必须对工作结果负责；二是给他们的工作形成了一种正面的压力和动力。

因此，授权时管理者应强调被授权下属可自由地作出与工作相关的决定。

授权任务必须被彻底接受。被授权下属必须明确承诺接受分配的任务并将为之努力，管理者需要的不是被强加的接受，管理者同时需要他们对所设目标和完成时限的接受。

当浏览了一个授权会议中所需要做的一切之后，大家就会明白为什么人们要花时间来认真面对它。当授权完毕，应该确信，被授权下属应明白以下几点：

1. 任务目标；

2. 完成时限；

3. 实施任务的权力；

4. 所负的责任；

5. 任务结果的验收方法。

管理者如果只是很随便地授权或布置一项任务，就等于告诉被授权者这项任务不是那么重要，即便事实上很重要。相反，如果认真严肃地举行了一个授权会议，就给下属们传递了一个信息：这项任务对我们很重要。被授权者因此可能会给予肯定的反馈，并且认真负责地来完成它。

要明白"信任并不是放任"

从某个方面讲，信任是管理者对下属品质、能力的充分肯定，让他按照制订的原则自己行事，但是这绝不意味着让那些不具备良好品质和突出能力的下属任意妄为，以至于破坏企业形象。因此，信任是一种理解和依赖，放任则是一种散漫和纵容，作为企业管理者应当记住这一点，切忌混淆了两者的关系。因此，信任下属是必要的，但不要过分，不要走上另一个极端：放任！

信任不是放任，信任能把事情做好，放任能把事情毁坏。作为管理者这一点一定要明白，否则，你只能自惭形秽地面对责任和良心，失去的形象。

为了让部属执行值得信赖的工作，管理者该采取的方式主要有：

1. 切忌不管不问：指导部署工作的方针是防止这一点的关键。要部属执行内容能信赖的工作，其基本方针是指导。由于有时会墨守成规或惰性习惯，所以要经常留意部署工作的状态，反复给予必要的指导。

2. 防止疏漏工作环节：要做到这一点必须严格执行对工作的指示，例如工作的截止日期、管理者所要求报告的形式与次数等，要详细无遗地指示部属完成工作的重点与应注意的事项。即使相信他会遵守管理者的指示，但如果指示本身不明确或有疏漏，被信赖的部属出于好意，勉强执行，结果却未必会与管理者的想法百分之百吻合。因此，希望部属能遵守的指示必须要明确。只要指示能明确地表达，就可以相信对方能执行指示。

3. 力戒死板教条：认真地接受报告情况，以变应变。工作的状况经常会变动，足以妨碍部属的工作效率。虽然管理者相信部属一定能巧妙地应付那些变化，但有时变化会超出部属的权限，但与其让部属竭尽心力，不如管理者凭着本身的观察，以及认真接受工作或部门状况的报告来判断，指点迷津。

4. 不要静以待之：管理者应当要能掌握先机，实行与关系部门协调或支援等必要措施，及时解决出现的问题，不要静以待命。

经由上述努力，管理者与下属之间才能形成良好的信任关系，才能使工作完成起来有章法。这样的放权，才可以说是真正地信任部属。

最后，提醒诸位管理者注意以下两点：其一，必须日积月累地努力建立与部属之间的信赖关系。得之不易而失之易，所以要努力维持信赖关系。其二，信任部属与放任是两回事，不可怠于工作管理的努力。

许多的管理者常常会将信任与放任混为一谈。放任下属的后果是：不但把放权的成绩冲得一干二净，还会殃及整个企业，身为管理者不可不防！

对放任进行预防的最好办法，就是监督。

一个管理者，即使他有再大的精力和才干，也不可能把企业所有的职权紧抓不放而事必躬亲，他总是需要把部分职权交给部属，让大家来共同承担责任。有的管理者每次向部下交代任务时总是说："这项工作就全拜托你了，一切都由你做主，不必向我请示，只要在月底前告诉我一声就可以了。"这种授权法会让部属们感到：无论我怎么处理，管理者都无所谓，可见对这项工作并不重视。就算是最后做好了，也没什么意思。管理者把这样的任务交给我，分明是小看我！

不负责任地下放职权，不仅不会激发部属的积极性和创造性，反而会适得其反，引起他们的不满。

高明的授权法是既要下放一定的权力给部下，又不能给他们以不受重视的感觉；既要检查督促部属的工作，又不能使部属感到有名无权。若想成为一名优秀的管理者，就必须深谙此道。

一手软，一手硬；一手放权，一手监督。只有这样，管理者才算深谙放权之道。

让下属承担更多的责任

每个人都喜欢有责任性的工作，在座谈会中，大部分人都有如此的想法："让我从事责任更大的事吧"，或者说"责任感越重之事做起来越有价值"。

为什么人们想负这么多的责任？最大原因在于愈有重责则表示此人愈有能力。不过给了某人责任之后，相对的，也要赋予其相当的权限，在此权限内，可以依照自己的方法做事。底层工作人员或从事单纯、辅助性工作的人员，即使能圆满完成任务，也不觉得有什么自豪感，这是因为他们不能依自己理想做事之故。

每个人都有强烈的欲望，希望别人看重他，故想多负担一些责任。因为负担了责任，自己就有责任感，换句话说，给了某人责任与权限，他就可以在此权限范围内有自主性，因此他就拥有了可自己处事的满足感与成就感。

1. 不要做个啰嗦的主管

主管若过于啰嗦，无论大小细节都要说明、吩咐，只会徒增部属的烦腻，同时部属也会觉得自己根本无需负责，于是欠缺责任感，工作热情也随之降低。在啰嗦的主管吩咐下的工作人员，其责任感较企业给予概括的指示，然后一切细节由工作人员自行负责者来得低。比如：某企业里一位A经理调职，继任者是B经理。不到一年的时间，该部门生产量增加了16%，在此我们研究了A、B经理的作风。A经理一天到晚楼梯爬上爬下，不厌其烦地指示部属；B经理作风却迥然不同，任何事仅指示大纲，一切细节则由部属自行负责，他也不限制部属的自由，完全尊重他们。部属因为能依照自己的想法做事，愈做兴趣愈浓，也希望将该事做到完美的境界，因此达到了良好的效果。因二人作风不同，工作成效也大不相同。

照这个例子看来，不仅要让工作人员负责任，而且要赋予他们相当的权限，使其可依照自己的意志做事，如此才能提高工作效率。

2. 权责必须平衡

责任与权限必须均衡。我们所说的赋予工作人员权限就是让他们在自己的意识下工作。很多主管对属下只强调责任，而极少赋予权限，只是一次次地指示他们，以致部属根本毫无机会依照自己的办法去做，在此状态下，无论如何强调责任都无法收到预期的效果。

在许多企业中，责任与权限无法合二而一。权限都集中于上级，部属仅负责任而已。须知无论何事，一旦欠缺权限则产生不出责任，因此责任与权限必须始终一致。

那么，责任到底是什么呢？工作人员有完成工作的义务，假若无法完成或工作成果不好时，就非要负责任不可了。但所谓的责任并非要提出辞呈，或者要等待受罚，而是将失败之处加以弥补，使其不良影响降至最低限度，而且要找出失败的原因，绝不再重犯。

另外，部属做错了事，管理者也不能免除责任。当自己的下属失误时，在处罚下属之前必须自己先反省一番，看看自己的做法是否妥当，导致失败的原因何在，并且要改正缺点，这才是主管人员的职责所在。

在与年轻人的交谈中，大家都认为："任何一件事，上司若信任我们，可放手让我们单独去做，我们必定会更加卖力。"新来的下属在经过一段时间的锻炼之后，逐渐积累了工作经验，新鲜感再加上适当的经验，使他愈做愈有味道。反之，若积年累月做同样的工作，时间一久会觉得枯燥无味，单调无比，原先的工作热忱也渐渐消失了。故管理者应依照下属工作的熟练程度，由最基本的D级工作晋升做C级工作，再由C级跳到B级，如此一级级地赋予其较高级的工作，他们做起事来也不致有厌倦感。

但是工作编排并不只限于纵向方面赋予高级工作，有时也可在横向方面赋予范围更广的工作，其中的道理都是一样的。

多琢磨事，少琢磨人

有些人像林妹妹似的，心眼太多了，今天想：宝哥哥怎么和我说了一句赌气话呢？明天想：宝姑娘怎么又有事没事往宝哥哥跟前凑呢？后天又被史姑娘调笑宝哥哥的一句话吓了一跳，回潇湘馆琢磨得一夜睡不着。其结果尽管聪明绝顶，"心较比干多一窍"，也未能干点事出来。

从管理心理学的角度来说，林黛玉的心理是导致管理失败的消极型心理。一个管理者要多琢磨事，少琢磨人，要引导部下多干实事，少搞猜疑。对管理者来说，不要"心较比干多一窍"，而应该充分信任部下，要放手让部下多干正事，多干实事。

要做到放手让下属干正事，首要的是管理者自己要少对下属犯琢磨，要克服自己的疑忌心理，疑人不用，用人不疑。

齐桓公是个胸有大志的君主，想要成为天下诸侯的霸主，于是他向管仲请教一个君主的哪些品质有害霸业。

管仲回答他："不能知人，害霸也；知而不能任，害霸也；任而不能信，害霸也；既信而又使小人参之，害霸也。"

管理者对于下属要信而不疑，对其有疑就不要任用，一旦任用了就要放手让他干事，要有坚定的用人信心。管理者要听取来自各方的意见，但是不能因少数人的流言蜚语就心生狐疑，也不要因下属的小节不谨而产生猜忌。

吕蒙正在宋太宗手下任宰相，由于他出身寒微，起于寒窑之中，所以颇有些人瞧不起他，当他首次出席朝廷会议时，群臣之中就有人冒出一句："他凭什么当宰相……"吕蒙正假装没有听见就走过去了，也没想去细究。

他的同事想查出那人的官职和姓名，但被吕蒙正制止了，此人十分遗憾。吕蒙正劝说："还是不要问为好。如果知道了他的名字，我也是人，总会恨人吧，这样两个人明争暗斗又有什么意思呢？还不如留点精力干正事吧！"

在吕蒙正等实干型的政治家的影响下，宋太宗也培养起一种实干的气度。一次，有人检举揭发说，汴河的水运者暗中出售官货，太宗却说："无论哪朝哪代，总会有人贪赃枉法，这就好比难把天下的老鼠洞都堵起来一样。船夫之流做做黑市买卖，只要不影响大局也就算了。只要大部分物资能够流通顺畅也就无所谓了。"

"水至清则无鱼，人至察则无徒"，天下没有完美的事情，所以在管理过程中不要过多地去琢磨，而应当多用点时间来干正事。这一来可以提高政绩，二来可以把下属的精力集中于一个实在的目标，三来可以让部下安心，有一举三得之妙！

第四章　管理者要能善于听取意见

　　虽说管理者有团队的决策权，但很多时候管理者应该让团队的成员参与到决策中来，多多听取他们的意见，群策群力，集中大家的智慧把企业建设好。

在不同的岗位上考察下属

能干的人往往会背叛你，忠实的人又不能很快带来利润，每位管理者都必须在这二者中作出选择！

一个成功的企业，往往都是要有几个精英的，管理者们是会不遗余力地招来最好的工程师、会计师、销售主管，可往往都是好景不长，他们有可能炒了管理者，甚至成了管理者的管理者。

一个成功的企业，往往也是要有几个忠实者的。可太多的实践已证明：忠实的人可以放心地帮助你守住钱袋，却没办法将你的钱袋迅速装满。

管理者的用人之道，最佳的选择当然是要找那些既忠实于你而又富有能力的人。可事实上是：这种人少之甚少，难于寻觅。

最可行而又最贴近实际的办法是：按照人员的不同使用目的（岗位）而有所侧重地加以取舍。某些岗位必须依赖于下属的创造力，能力则当居首位；而某些岗位则必须要求绝对忠诚，能力则可退其次。

必须要求忠诚的岗位：

·会计；

·出纳；

·财产保管员；

·保安人员。

必须看重能力的岗位：

·营销人员；

·采购人员；

·公关企划人员；

·产品开发人员。

在用人原则上，我们强调在忠诚与能力二者中择其一，同时也并不彼此排斥。一个很鲜明的例子：出纳人员要经手企业的大部分资金往来项目，不忠实就会出大问题，忠诚当为首选条件。而同时必要的能力也是需要的，一个出纳人员不会签发支票也是不可想象的。

可问题常常在于缺乏客观的衡量标准来判断员工的忠诚与能力。忠诚与能力本身都是很抽象的东西，管理者常常凭借个人的直觉加以判断，其结果往往与实际相去甚远。

较为理想的办法是：用相应的条件约束住下属但同时要让下属对企业有归属感，这样下属才会表现出忠诚，对能最大限度地发挥自己的能力。之形式上是有能力或是忠诚的。

工资是衡量下属价值的标准

虽然现在的下属已经由"经济人"向"社会人"转变，但是经济仍然是下属生存的基础，工资是下属衡量自己价值的尺度。管理者必须在工资上为下属考虑：

首先，为下属提供有竞争力的薪酬，使他们一进门便珍惜这份工作，竭尽全力，把自己的本领都使出来。支付最高工资的企业最能吸引并且留住人才，尤其是那些出类拔萃的下属。这对于行业内的领先企业，尤其必要。较高的报酬会带来更高的满意度，与之而来的还有较低的离职率。一个结构合理、管理良好的绩效付酬制度，应能留住优秀的下属，淘汰表现较差的下属。

其次，把收入和技能挂钩。建立个人技能评估制度，以雇员的能力为基础确定其薪水，工资标准由技能最低直到最高划分出不同级别。基于技能的制度能在调换岗位和引入新技术方面带来较大的灵活性，当员工证明自己能够胜任更高一级工作时，他们所获的报酬也会顺理成章地提高。此外，基于技能的薪资制度还改变了管理的导向，实行按技能付酬后，管理的重点变为指派任务使其与岗位级别一致。

第三，增强沟通交流。现在许多企业采用秘密工资制，提薪或奖金发放不公开，使得员工很难判断在报酬与绩效之间是否存在着联系。人们既看不到别人的报酬，也不了解自己对企业的贡献价值的倾向，这样自然会削弱制度的激励和满足功能。一种封闭式制度会伤害人们平等的感觉，而平等，是实现报酬制度满足与激励机制的重要原因之一。

第四，让员工参与报酬制度的设计与管理。与没有员工参加的绩效付酬制度相比，让员工参与报酬制度的设计与管理常令人满意且能长期有效。员工对报酬制度设计与管理更多的参与，无疑有助于一个更适合员工的需要和更符合实际的报酬制度的形成。

营造良好的工作氛围

能否留住人才是一个企业成功与否的关键，而良好的工作环境是留住人才的关键。

这里所说的"工作环境"，是"硬件"和"软件"两个方面的综合。"硬件"包括物质报酬、办公设施等，惠普的观点是，良好的办公环境一方面能提高工作效率，另一方面能确保员工们的健康，使他们即使在较大压力下也能保持健康平衡。

惠普作为全球著名企业，一直以来都在倡导"以人为本"的办公设计理念，对办公桌、办公椅是否符合"人性化"和"健康"原则进行严格核查。惠普在每天上下午设立专门的休息时间，员工可以放轻松的音乐来调节身心，或者利用健身房或按摩椅"释放自己"。

相对"硬件"而言，惠普更重视"软件环境"的建设。作为一家顶级的跨国企业，惠普有着悠久、成熟的企业文化。

惠普的领导遵奉这样一个原则："相信任何人都会追求完美和创造性，只要给予适合的环境，他们一定能成功。"

本着这个信念，惠普着力营造轻松和谐的工作氛围，充分信任和尊重员工，让他们时刻保持良好的情绪，充分发挥才能和想象力。人力资源部在这方面起了很大作用，它不但注意协调企业内部的人际关系，还专门开设了各种各样的课程，免费为员工进行培训。

管理者要想员工为企业更好地工作，就必须为下属设计良好的环境，让员工处在这样的环境中，身心都能够得到放松，以发挥自己最大的潜能。

积极听取下属的建议

企业应该建立起乐于服务、全心投入工作的风气。那么，应该注意哪些事项呢？也许各人有各人的想法，但重点之一，则在于上司或前辈要乐于接受部属或后辈的建议。当部属提出某些建议时，应该欣然地表示："没想到你会想到这种事。你很认真，真不错。"以开明的作风接纳意见，部属才会提出建议。

当然，你要站在上司的立场，从各方面考虑建议该不该采用。有时，虽然下属热心提供了许多建议，但实际上，并不便立刻采用。在这种时候，也应该接受他的热诚，诚恳告诉他："以目前的情形，这恐怕不是适当的时机，请你再考虑一下。"企业有着包容建议的风气，是很重要的事。如果一再地拒绝部属所提的建议，会使他们觉得"上司根本不重视建议，以后不再做这种费力不讨好的事了。"结果，只是死板地做自己分内的工作，没有进步，也没有发展可言了。这是很值得检讨的现象。相反地，上司应鼓励下属提出建议，积极地征求下属的意见。"提出建议，不但对企业很有帮助，且能增加工作的乐趣。请你好好地想，有没有什么好的建议。"这样不断提醒下属，才是真正重要的事。

有两位经理，在能力方面不相上下，但是其中一位的下属看起来工作精神饱满，绩效的成长也很迅速。另一位下属，看起来无精打采，绩效也没什么进展。像这种情形，可以说处处可见。为什么同样有才干又热心工作的人，下属的成长却有那么明显的差距呢？探讨起来，原因一大串，但最重要的一点是"能不能听从下属意见"。平常善于听从下属意见的管理者，他的下属一定成长得快；至于不善于听从下属意见的管理者，他的下属一定成长得慢。这种倾向是很明显的。

因为上司能听取下属的意见，下属就必能自动自发地去思考问题，而这也正是使人成长的要素。设想：身为下属，如果经常能觉得自己的意见受上司重视，他的心情当然愉快，于是不断涌现新构想、新观念，提出新建议。当然，管理者的知识面也会愈来愈宽广，思考愈来愈精辟，而逐渐成熟，变成一个睿智的经营者。

反过来说，下属的意见经常不被上司采纳，他会自觉没趣，最终对自己失去信心。加上不断地遭受挫折打击，当然也懒得动脑筋或下苦功去研究分内的工作了。整个人变得附和因循，而效率也就愈来愈差了。

一般说来，多数上司的工作经验会比较丰富，专业知识也比下属精深。所以下属所提出的意见，在上司眼中，也许根本就不成熟，不值一顾。尤其在上司忙碌的时候，更不可能有耐心去聆听。所以，关于上司是不是一定要听取下属的意见，或以什么态度去听取下属的意见，这件事情

第四章 管理者要能善于听取意见

73

恐怕还是见仁见智，很难有一致的答案的。也许下属的意见听起来是幼稚可笑，但上司必须有倾听的态度。假使在态度上能注意到这点，下属就会感觉被重视，而更主动找机会表现自己的才能。

尽管下属的意见不可取，上司也不能当头泼冷水。而应该诚恳地说："你的意见我很了解，但是，有些地方显然还需多加斟酌，所以目前还无法采用。但我还是很感谢你，今后如果有别的意见，希望你多多提供。"如果上司的措辞这么客气的话。下属的意见尽管不被采纳，心里也会觉得很舒坦，同时也会仔细检讨自己议案中所忽略的事，然后再提出更完整的构想。像这样激励，就是下属获得成长的原动力。

但这种安抚的做法，还是不够积极，还是要尽量采用下属的意见。当然，并不是说只要下属提出意见，不管对错，都要奉行。而是说，对于有缺点的意见，上司能加以弥补。并且说："既然有这种好构思，我们不妨做做看。"用这种态度来做事，虽然难免会失败，但成功率还是很高的。

管理者若想培养人才，就必须制造一个能接受下属意见的环境和气氛，不只是消极地沟通安抚，更要积极地采用推行。这样，才能集思广益，争取成功。我们必须承认，一个人的智慧，绝对比不上群众的智慧，所以上司积极听取下属的意见，才能得到共同的成长和较高的工作成效。

当上司有求于下属时，千万不能以命令口吻，否则下属顶多只是做到服从而已。当然，由于职务的不同，很多工作在形式上，不得不采取命令的方式推动。同样是"你去做这件事"一句话，由于语调的不同，给人的感受就有很大的差别，对于上司的谦虚，敏感的下属，不会浑然不觉。

不论如何，人总是喜欢在自由自主的环境中做事，唯有如此，创意和灵感才能层出不穷，工作效率才会提高，个人成长的速度也会加快。因此，上司站在培养人才的目标上，必须创造一个尊重下属的环境，而且尽量采用他们的意见。以协商的手段来推动工作，自然能上下一致，相互信任，一方面能促使下属成长，一方面也能使事业突飞猛进。

重视内部团队建设

随着社会分工越来越细化，个人单打独斗的时代已经结束。团队合作提到了管理的前台，团队作为一种先进的组织形态，越来越引起企业的重视，许多企业已经从理念、方法等管理层面进行团队建设。以下几种情况的出现在团队建设中发出了隐秘的危险信号，容易蒙蔽团队管理者的眼睛，如果不引起管理层的重视，团队建设将会前功尽弃。

因此，管理者对下属进行管理必须重视团队建设。团队建设需要管理者从以下三个方面努力：

一是提防精神离职。精神离职是在企业团队中普遍存在的问题。其特征为：工作不在状态，对本职工作不够深入，团队内部不愿意协作，行动较为迟缓，工作期间无所事事，基本上在无工作状态下结束一天的工作。精神离职产生的原因大多是个人目标与团队愿景不一致产生的，也有工作压力、情绪等方面原因。

二是控制超级业务员。个体差异导致了超级业务员的出现，其特征为：个人能力强大，能独当一面，在团队中常常以绝对的绩效遥遥领先于团队其他成员，组织纪律散漫，好大喜功，目空一切，自身又经常定位于团队功臣之列。超级业务员的工作能力是任何团队都需要的，但管理者必须对超级业务员进行控制，避免其瓦解团队的核心。

三是瓦解团队中的非正式组织。团队是全体成员认可的正式组织。非正式组织短期内能够很好地进行日常工作，能够提高团队精神，调和人际关系，实施假想的人性化管理，在团队发展过程中，基本上向有利于团队的方向发展，但长期而言，会降低管理的有效性，致使工作效率低下，优秀团队成员流失。领导必须瓦解团队中的各种非正式组织，让所有的下属都融入到企业的工作中来。

不断增强下属的归属感

IBM前任总裁曾说过，"你可以夺取我的财富，烧掉我的工厂，但只要你把我的下属留下，我就可以重建一个IBM！"这就不难解释为什么众多管理者处心积虑地要留住企业人才，且利用一切机会网罗企业外部人才的原因。

管理者必须加强培养下属的归属感。

下属的归属感首先来自待遇，具体体现在下属的工资和福利上。衣食住行是人生存最基本的需求，买房、买车、购置日常物品、休闲等都需要金钱，这都依靠下属在企业取得的工资和福利来实现。在收入上让每个下属都满意是一项比较艰难的事情，但是待遇要能满足下属最基本的生活需求才能在最基本的层面上留住人才。因此，待遇在人才管理中只是一个保障因素，而不是人才留与走的激励因素。

个人的期望是赋予下属归属感的重要内容。每个人都会考虑自己在企业中的位置与价值，更注重自己未来价值的提升和发展。个人价值包括技术能力、管理能力、业务能力、基本素质、交涉能力等，管理者提供机会帮助下属增强以上能力，是企业增强魅力、吸引人才的重要手段。

增强下属归属感还需要特别注重每个下属的兴趣。兴趣是最好的老师，有兴趣才能自觉自愿地去学习，这样才能做好自己想做的事情。作为管理者应该尽可能地考虑下属的兴趣和特长所在。擅长搞管理的，尽可能去挖掘、培养他的管理能力，并适当提供管理机会；喜欢钻研技术的，不要让其去做管理工作。

让下属感觉到个人的重要性是归属感营造中的重要内容。任何人都希望让别人喜欢他，让别人认可他，让别人信服他，让别人觉得他重要。

用另一种眼光看待下属

在当今企业中，管理者应该以全新的方式看待自己的下属，视每位下属为具有无限潜力的人才。

事实表明，由情感投入的下属在所组成的团队，往往能获得杰出的成果。而且，当顾客感到你的下属在用热忱与真诚对待他们时，他们也一定会以相同的情感回应。这种下属与顾客之间的情感投入和情感互动，会变成企业持续成长的因素。

人无完人，任何人都有优缺点。与其徒劳地矫正下属的缺点，不如重视发掘与善用他们的优点。研究表明：人类通常有24种情绪天赋，这些天赋通过人的思维、感觉与行为体现出来。对这些天赋进行分类，可以帮助管理者深入了解下属，并善用他们的长处。比如，有容易赢得他人信任的"指挥者"；有擅长把枯燥的主题都表达得生动有趣的"沟通者"；有习惯与人比较的"竞争者"；有能预感冲突并化解纠纷的"和谐者"；也有能了解他人，具备"换位"思维的下属。

越来越多的管理者意识到，懂得欣赏和运用下属的天赋，是提高下属绩效的关键。一个高级人才不只具备一项天赋，比如：客户代表至少要有"沟通"和"换位"思维的天赋。

了解某个职位应具备哪些天赋的最好方法是细心观察高绩效者：首先，找出促使其具有高度热情的原因，密切观察他如何建立关系，然后留意他们对别人的影响，最后请教他们如何处理信息，如何形成对工作的相关意见。

　　管理者需要和下属情感上形成互动，这样才能够使得管理出现最优的成绩。

增强企业的危机意识

随着现代经济社会的发展和企业经营环境的变化，企业无法避免随时都可能发生的危机。但是很多企业往往缺乏危机意识，总要到危机发生后，才寻求解决之道，抱着兵来将挡、水来土掩的心态来面对危机。管理者在进行企业管理的时候，必须认真学习如何进行危机管理。

一般来说，危机管理分为三个层次：

第一个层次是事前预防。危机管理成功与否在于事前准备功夫是否完善。面对危机，不能坐以待毙，应该在危机发生之前，做好充分的准备工作，对各种可能发生的危机做到通盘考虑，才能从容不迫地应变。企业应该一年至少有一次仿真训练。例如设计一个突发状况来测试危机处理小组的应变能力，事前完全采取保密措施，让企业花半天到一天的时间来练习，之后再检讨过程中有无疏失。仿真演练可以让下属在面对危机时，有经验可循，才能临危不乱、从容应变。

第二个层次是危机控制。在危机降临时，要在第一时间查出原因，找准危机的根源，并尽快将真相公之于众。同时要及时转变战略，展示拯救危机的决心。在危机处理时，要立即调查情况、制订计划以控制事态的发展，启动危机处理小组对危机的状况做一个全面的分析。一旦找出危机产生的原因，就必须立刻制订相应的对策。

第三个层次是善后处理。危机是每个企业都不愿面对的事，但是在危机发生后，如果刻意隐瞒或消极对待，危机对企业的发展将是致命的。因此当危机不幸来临时，千万不要只是怨天尤人，而应诚意面对问题，找寻适当的解决方案，如此才能借此将危机化为转机。

第五章 管理者要能善于包容他人

　　"人非圣贤，孰能无过"，对于下属的错误，管理者应该持包容的态度。包容了他们的过失，让他们不会再犯，这才是最重要的，而且，这样还能增加团队的凝聚力。

包容他人，回报无限

做生意也是做人。做生意除了要善于抓住时机，懂得运用技巧，还需要保持良好的心态。面对现代化、大市场，信息量增大，反应速度加快，竞争激烈，传真机一分钟的信息也足以让人应接不暇。因此，管理者必须胸襟开阔，使自己保持良好的竞争状态。

和传统生意人的"斤斤计较"不同，现代生意人更注重反应的灵敏度、悟性和互惠互利的原则。所以，胸襟广阔、能容人容物，是企业经营者必备的素质，只有做好人才能做好生意。如果妒贤嫉能、刚愎自用、唯我独尊，终究会毁掉自己。

宽大有气量，不计较或不追究就是宽容。

人，要活得潇洒、宽容，是一种风度。学会宽容，将使你活得更加潇洒，人生更有意义。你大可不必为一些琐事斤斤计较，烦恼忧伤。

学会宽容，是一种美德，也是一种气质，使你拥有了别人不能拥有的。

宽容敌手，处处显示着你的感召力、你的大度。那么，你将永远是胜利者。

宽容朋友，尤其是知心朋友。古人云：金无足赤，人无完人。此时，宽容是一种良药，可以医治人心灵深处不可名状的跳动，滋生永恒的人性之美。

宽容自己，宽容朋友，甚至宽容敌手，这是一种至高至纯的境界，它能使阳光明媚，万里无云，它能让你振奋。同样，宽容也能让你消沉，让你安于现状无动于衷。

于是，宽容有一个度的概念。你在多大程度上学会了宽容，你就在多大程度上掌握了人生。

学会宽容，你将拥有一个潇洒人生，你将拥有一份胜利的喜悦。学会宽容，你将永远充实。

宽容，是容纳百川的大海，是承接小溪的河流。

宽容，是对不顺人心、不尽如人意的人与事看开些，想开些。

人生在世，年轻时多一份宽容，老来定会多一些宽慰。

会宽容人的人，虽然从来不指望得到回报，更不会去索取回报，但往往会得到回报，甚至是更大、更多的回报。

楚庄王设宴款待群臣，命后宫受宠美人劝酒，大家都兴高采烈。突然一阵风吹来，蜡烛全部熄灭，席间一片漆黑，有一大臣酒后乱性，趁机拉扯美人衣袖，美人顺手摘下他的冠缨，然后向庄王哭诉，要求查找出来并加以处罚，可楚庄王在点燃蜡烛之前大声喊道：大家都摘除冠缨，开怀畅饮，一醉方休。后来，那个被庄王宽容的大臣，在与郑国交战时表现得特别勇敢，让郑人闻之丧胆。

元太祖铁木真曾与泰赤乌部有仇。一天，他率部众外出打猎，正好遇上了该部的朱里耶人，大家都要求杀他个痛快。铁木真说："他们现在既不与我为敌，杀他们干什么？"反而在得知他们常受泰赤乌部的虐待，既没有帐篷，粮食也不充足之后，铁木真主动提出：既然如此，那就请你们和我们一块住宿，明日打猎所获大家平分。第二天，铁木真果真兑现了诺言，朱里耶人对此十分感激，都说泰赤乌无道，铁木真大度，纷纷投靠他，这事传到泰赤乌部后，大将赤老温也来投靠他，就连曾经射杀铁木真坐骑的勇士哲别也投到了铁木真的帐下，铁木真就这样不战而胜。

这两则故事讲的是宽容得到的回报，也是宽容创造的奇迹！

人与人之间，什么时候学会了宽容，学会了正确的宽容，那才是一个真正充满爱的世界，一个生机勃勃的世界。

对谎言保持清醒的头脑

管理者常常会听到部下的谎言，对这些说谎的下属，管理者应谁的话也不轻信。太相信别人的话，往往会造成管理者片面地处理问题，引起其他下属的不满，所以作为管理者应相信自己的判断，公正、公平地处理问题，使广大下属相信并肯定你的工作能力。

有人问淘金者：怎样获得金子？淘金者说："金子就在那儿，你把沙子去掉后，剩下的自然就是金子。"这个回答颇有"禅"的意味，它指明了我们在生活中求真求善的最佳方式与途径。

我们都知道，我们来到这个世界，并不是为了虚妄地度过一生，我们需要切切实实地为世界留下些什么，或者是思想，或者是感情，付出的同时，我们也渴望获得和拥有一份真实的感情，我们敏感的心灵不会为虚假的感情激动，我们的眼、耳、鼻、舌、身都不是为那些虚假的东西而存在的。无法想象我们有一天听到与看到的全是假东西，那将是多么令人沮丧的情境！

有一句西方谚语说："当真理还在穿鞋的时候，谎言已跑出老远了。"不管你愿不愿意面对，事实上，我们的现实生活中早已充斥着大量的谎言，我们无法回避它们，必须每天去面对，去听、去看、去感觉，甚至是不得不耐着性子地听和看。我们在生活中听到的谎言甚至比真理还多，怎么办呢？

一个成熟而富有健全理性的管理者会以一种平常的心态来看待这些谎言，不管它是为了何种目的而说，他知道，任何谎言都不会是无缘无故的，在一些特殊的情境下撒谎，也可以说是人之常情。因此，他会坦然地面对一切，而且，随时保持清醒的头脑，不为谎言所迷惑。大家很熟悉的那个老洛克菲勒的故事就是这样。

一天，老洛克菲勒在家中和小孙子玩得十分高兴，小孙子在屋里跑来跑去。老洛克菲勒把孙子抱到窗台上，使劲地鼓励，小孙子从窗台上纵身向下一跳，洛克菲勒接住了他，然后又一次将小孙子抱上窗台，再次鼓励他往下跳，并仍旧伸手做出接他的动作。小孙子有了上次的经验，觉得这样很好玩，毫不犹豫地跳下。但这一次，老洛克菲勒突然缩回双手，小孙子砰地一声摔在地板上，痛得失声大哭。

这时，一位宾客正好从旁经过，目睹此情此景，十分惊讶，便走上前去询问这位大亨何以如此对待自己的孙子。

老洛克菲勒笑着说："我要让他从小就知道，任何人的话都不可轻信，包括自己的爷爷。"

好一个洛克菲勒！他把自己一生纵横商界得出的最精辟的为人处世之

道，以如此简单明白的方式道出，实在令人震惊而又钦佩。

把谎言作为人类生活中的一个重要组成部分来正视它，的确有益于我们建设自身、保护自我。俗话说："害人之心不可有，防人之心不可无。"如果我们在同人相处时，心中先存几分戒心，那么世界上绝大多数骗局都将被识破。

杜绝私下的议论

人人都希望在工作岗位上能互相帮助，取长补短，愉快地工作。但是这种和谐的群体气氛，常会被一些无聊的小事所破坏，使大家的心里蒙上一层阴云。

当某人不在场时对其说三道四，这是破坏团队和谐的大敌。虽然言者未必怀有恶意，然而，由于谈论的是一个不在场的人，言论很容易出格，让人听起来不无诽谤之感。

而这些背后议论一个人的言论，传来传去常常在无形中被夸大，尽管传话的人可能并无恶意，但一旦被受议论者听到后，足以使其伤心。人类最难控制的器官是舌头，最难压抑的欲望是言语。想要堵住一个人的嘴巴，恐怕是不可能的。更何况这些背后议论的话语几经相传，最后被本人听见时，已经是恶意话语之集大成者了。相形之下，被议论者对那些背后议论者的反感和气愤程度，是可以想象的。随之而来会产生永远不再与那些议论自己的人说话、共事的思想，也是毫不奇怪的。这样一来，和谐的团队气氛必然遭到破坏。

某人不在场时，绝对不要对这个人的行为做任何不负责任的评论，这是作为团队中的一员应有的起码修养。哪怕是没有一点恶意的议论，也是绝对不允许的。

如果真想给某人提批评意见的话，最好和其本人面对面单独进行，在没有他人参加的场合下，有条有理、心平气和地交谈。既然讲的目的完全是为了他人好，那么，就应该在没有他人的场合讲。随便轻率地说话，或单纯为了发泄私愤而信口开河，都是一个人的成熟度有问题的典型体现。

尤其是酒后言谈更需要特别谨慎，一言既出，驷马难追。有的人想得简单，认为酒后说出来的话一般人记不住，然而正好相反，人们对"酒后真言"往往记得分外清楚。

总之，不论在何种情况下，不谈论不在场的人应该成为每个人的行为准则。

其实，喜好拨弄是非、在背后议论人的人，大都是些言谈轻率、轻易就可以给一个人下结论，或是言语偏激、发泄私愤的人。

对待这种人，需要抓住证据，耐心教育，让他们认识到，这种行为只能使亲者痛仇者快，充当的只能是破坏组织或企业团结的角色，需要告诫这种人"下不为例"。如果经过这样的教育他仍不改的话，就意味着这人存在本质问题，必须采取其他措施加以解决。

至于在背后赞美他人，那就是一个例外的问题了，可以说被你赞美的人越多越好，因为这种语言是团队的一种润滑剂。本人即使间接听到，也会对说的人抱有好感。

作为管理者，对好在背后说些易招人误解言语的人，应该引起特别注意，绝不可掉以轻心。

要区分开错误行为和不良行为

学会宽容下属出错，是管理者的必备素质之一。但这也并非意味着管理者应对下属所有的错误均加以宽容。

凡事均有个限度。通常来讲，对于小的违规行为，管理者可以睁一只眼闭一只眼；但如果这种小的违规行为连续出现，反映出更深的问题，作为管理者则应采取措施了。

宽容错误与不容忍不良行为这二者中的核心问题则是要划分接受与不可接受二者间的界限。通常来看，什么可以接受与什么不可接受之间的界限很模糊，令人迷惑且因情况而异。

作为管理者，你必须学会自己作出判断：什么样的行为你可以容忍，什么样的行为你不能容忍。下属在你面前的不良行为越多，他们越可能对你缺乏尊重，越没有工作热情，最终，只会导致损害你的权威形象，同时，也达不到你对下属们的期望。

一般来说下属的不良行为有以下这些：

·连续地迟到早退；

・不认真倾听；

・不守信用的承诺；

・格调低劣的玩笑；

・掩盖过失；

・不完全说真话，甚至撒谎；

・工作中将大量的时间用在私事上（例如，过多的聊天，过多的私人电话等等）；

・不整洁；

・各种不礼貌的举止（例如：大声地关门，忽视他人等等）；

・消极的工作态度（例如：总将错误推给别人，总在抱怨等等）；

・不谨慎（例如：将危险品随处乱放、在易燃处吸烟等等）；

・高傲自大，傲慢及鄙视他人；

・通常对什么都不在乎；

・不注重外表形象；

・在背后议论他人；

・消极的身体语言（例如：意见不一致时的叹息，望向窗外，失望地摇头等等）；

・对待工作随随便便。

　　对于下属的不良行为，管理者应当采取各种可能的措施加以惩罚，以达到惩前毖后，治病救人的目的。作为管理者，你也必须清楚，你的下属每一天的每一分钟都在观察你。你在处理他人的举止时的表现会极大地影响你作为管理者的形象。如果你过于死板，连微小的过失也不放过，下属会对你很反感；反过来，如果你过于大大咧咧，允许某些人以低于其他下属的标准行事，下属就会认为你不适宜做管理者。

聪明的管理者更善于与下属谈论不可容忍行为的界限。这样做的目的，就是让你的下属的脑子里有个明确的概念：什么样的行为你可以接受，什么样的你不能。通过这样的沟通，你无须明确地讲明什么样的事你睁一只眼闭一只眼——下属自己就能明白。最终，使这一切成为下属们的常识，并作为约束个人行为的一种准则。

关键的一点，要一视同仁。对于不可容忍的行为要惩罚得当，公平行事。不要因为下属的职务、级别、工龄等因素而区别对待每一个人。惩罚必须是严厉而又有建设意义的，避免下属重蹈覆辙。

话当面讲为最佳

为了企业发展，作为管理者时刻都要与下属坦诚相见。

人与人之间的情感是非常细腻的。比如两个人之间有误会，往往因为偶尔发生的冲突或口角，双方遂毫不客气，将自己对对方的不满尽数抛出。及至双方怒气发泄完了，渐渐冷静下来后，左思右想总觉得有些不妥，于是双方再坐下来，心平气和地谈，等到发现原来是场误会后，又后悔不已，两人却常常因此而成莫逆之交。

一家化妆品企业的总裁弗朗索瓦说过这样的话："人际关系因摩擦之故而有所发展。"弗朗索瓦先生过去有位助手，此人做起事来太迟钝，受批评也满不在乎，一副无所谓的样子；得了表扬也是这副德性，既不欣喜，也无感谢之意，甚至总裁当面鼓励他，他也只当是耳旁风，简直是木头一块。总裁曾经想过无数种方法，试图纠正他的这种恶习，但都无济于事，他毫不理会。终于有一天，企业丢了一笔大买卖，总裁认为责任在于助手办事缺乏效率，以致错过商机，于是大发雷霆，把平日积累的怨气全部发泄出去；而助手本人却觉得受了天大的冤枉，也是气势汹汹，和总裁大闹起来。待两人冷静下来细想，却越发觉得对方的愤怒并非一点道理没有，自己的一些理由也不一定能站得住脚，于是当总裁主动邀请助手到家小聚，推心置腹侃侃而谈时，两人终于化干戈为玉帛，成为好朋友。

因为这次冲突，反而促使了两个人的互相沟通，从此以后，双方能直言不讳地就某些问题交流看法，和和气气，这真是"不打不相识"。

在今天这样一个时代，许许多多的人，因年龄的差距，彼此便敬而远之，由于他们认为对方的想法和价值观与自己大相径庭，与之谈论自己的看法，那是"对牛弹琴"，于是双方也就不会坦率地谈出自己的真实想法，只有外表的粉饰和谐。然而，常常在双方打开窗户说亮话，坦陈己见后才发现彼此可以成为忘年之交。

管理者对下属或下属对管理者持有偏见，而一味猜测对方心中会打什么算盘，必然使双方不大容易彼此接近。而一旦有机会让两人一吐心声，也许会明白对方的所思所想跟自己的一样，从而迅速拉近感情。管理者若想下属坦诚相见，就必须首先以坦诚的态度对待下属，不然的话，就是南辕北辙，将永远毫无结果可言。

管理者要有容人的心胸

人之为人，有各种各样的性格、脾气、嗜好，其中有些甚至是很稀奇古怪的。人才也一样，总会有这样或那样的缺点和不足，这就要求管理者在用人时要有容人之心，既容人之长，又容人之短，不求完人，但求专才。

《管子·形势解》中说道："海不辞水，故能成其大；山不辞土石，故能成其高；明主不厌人，故能成其众。"大凡善用人、易成事者必有宽容之心。宽容是一种美德，它具有巨大的感染力量；宽容是一种自信，它表明虚怀若谷的坦荡；宽容也是一种力量，它可以使强敌畏怯，使弱友气振。所以容人之度、容人之心应成为每个管理者的必备素质。

容人，信任人，一个重要的要求就是"用人以专，不信谗言"。谗言之于用人，至少有三大危害：

一是蔽贤失士。"毋监于谗言，毋听谗，听谗则失士"，"信小人者失士"，古人对此早有清醒的认识。韩非子认为那种专讨君主欢心而陷害贤良的人是应当对之警惕的，青绳所污，常在涤素，谗言指向的多是忠诚刚直之士，"凡有才名之士，必遭险薄之辈假以他事中伤，始乎摒弃，率不得用"。

二是善政障塞。《墨子》曰："谄谀在侧，善政障塞。"由于谗言，使贤良之士不得一展才华，甚至常有受害之灾，不能安心工作，长此以往，必将导致忠良难存，善言难进。

三是谗令亲疏。苍蝇间白黑，谗巧令亲疏，谗言功能之一，就是搬弄是非，制造矛盾，故谗言不可听，听之祸殃四方。

正所谓兼听则明，偏信则暗，只有不为谗言所动，以一颗容人之心待人处世，才能笼络天下有才之士为我所用。

《三国演义》中曹操对蔡瑁、张允弃主而降十分反感，但由于曹军不习水战，才任用二人。后来蒋干盗书，听信假情报，错斩蔡、张二人，使水军失去良将，导致赤壁之败。可见曹操从个人感情出发，不能容人之短，所带来的危害之大。假若曹操能有大肚能容天下的胸襟，察蔡、张之短而用其长，恐怕赤壁之战也不会如此一败涂地。

小怨不赦，则大怨必生。管理者与下属常在一起，难免产生矛盾，作为管理者若有容人之心，不计小怨，就能迅速化解矛盾；反之，则小怨积成大怨，双方反目成仇，那就只有刀枪相见了。

勇敢地承认自己的错误

美国人格里·克洛纳里斯在北卡罗来纳州当货物经纪人。在他给西尔企业做采购员时，发现自己犯下了一个很大的认识上的错误。有一条对零售采购商至关重要的规则是不可以超支你所开账户上的存款数额。如果你的账户上不再有钱，你就不能购进新的商品，直到你重新把账户填满——而这通常要等到下一次采购。

那次正常的采购完毕之后，一位日本商贩向格里展示了一款极其漂亮的新式手提包。可这时格里的账户已经告急，他知道他应该在早些时候就备下一笔应急款，好抓住这种突如其来的机会。此时他知道自己只有两种选择：要么放弃这笔交易，而这笔交易对西尔企业来说肯定会有利可图；要么向企业主管承认自己所犯的错误，并请求追加拨款。正当格里坐在办公室里冥思苦想时，企业主管碰巧顺路来访。格里当即对他说："我遇到麻烦了，我犯了个大错。"他接着解释了所发生的一切。

尽管企业主管不是个喜欢大手大脚地花钱的人，但他深为格里的坦诚所感动，很快设法给格里拨来所需款项，手提包一上市，果然深受顾客欢迎，卖得十分火爆。而格里也从账户超支一事中汲取了教训。并且更为重要的是，他意识到这样一点：当你一旦发现自己陷入了事业上的某种误区，怎样爬出来比如何跌进去最终会显得更加重要。

当你不小心犯了某种大的错误，最好的办法是坦率地承认和检讨，并尽可能快地对事情进行补救。

一个人在前进的途中，难免会出现这样或那样的过错。对一个欲求达到既定目标、走向成功的人来说，正确对待自己过错的态度应当是：过而不闻、闻过则喜、知过能改。

人们大都有这个弱点：喜欢为自己辩护、为自己开脱。而实际上，这种文过饰非的态度常会使一个人在人生的航道上越偏越远。过而不闻需要一种坚强的纠错意识和宽广的胸怀，一般人做不到这一点，首要的原因可能是虚荣心在作祟。一向认为自己各方面的能力都不错，很少有失误发生，久而久之，自然养成了"一贯正确"的意识，一旦真的出现过错，则在心理上难以接受。出于对面子的维护，人们会找理由开脱，或者干脆将过错掩盖起来。另外的原因是怕影响自己在他人中的威信及信任。其实，下属敢于正视自己的过错，可能会更加得到管理者的赏识与信任：如果是管理者，能做到闻过则喜也会使下属对自己更加敬重，从而提高自己的威信。

闻过则喜、知过能改是一种积极向上、积极进取的人生态度。只有当你真正认识到它的积极作用的时候，才可能听得进别人的善意劝解，才可能真正改正自己的缺点和错误，而不至于为了一点面子去嫉恨和打击指出自己过错的人。闻过易，闻过则喜不易，能够做到闻过则喜的人，是最能够得到他人帮助和指导的人，当然也是最容易成功的人。而知过能改则是使一个人在激烈的竞争中从一个胜利走向另一个胜利的关键。"过而不改，是谓过矣！"有了过失并不可怕，怕的是不思悔改、一味坚持，这种人是很难走向人生的辉煌的！

不要揪住别人的小辫子不放

孔子说："小不忍则乱大谋。"要做大事，需纵观全局，不可纠缠在小事之中，摆脱不出。

任何事情有好的一面，自然也有存在问题的一面，但是我们应该看其主流。如果只是盯住别人的缺点和问题不放，怎么去团结人才，充分发挥人才的积极性呢？

同样的，在处理事情的时候，一味地强调细枝末节，以偏概全，不能抓住要害问题去做工作，就会没有重点，头绪杂乱，不知道从哪里下手做起才是正确的。因此无论是用人还是做事，都应注重主流，不要因为一点小事而妨碍了事业的发展。须知金无足赤，人无完人，我们要用的是一个人的才能，不是他的过失，那为什么还总把眼光盯在那过失上边呢？

古人把对小节不究看作是一个人能否成大事的关键。他们提倡的是胸怀大局，不纠缠于细枝末节，看重的是人的才干，而不是只看存在的问题。能够宽恕他人的短处和过错，不因为人才有哪一方面的缺陷就放弃使用，这是忍小节的中心内容。所以《列子·杨朱》篇中讲：要办大事的不计较小事；成大功业的人，不追究琐事。

历史上那些明智的统治者正是认识到了这一点，广泛地招贤纳士，集合起天下有智慧的人为自己的统治服务，进而完成自己的雄心壮志。相反，嫉贤妒能，因为别人有一点小问题，就置人才于不用的人则十分愚蠢。

宁戚是卫国人，他在车旁喂牛，敲着牛角高歌。齐桓公见了认为他非同寻常，打算起用他管理国家。臣子们听说了此事，觉得为慎重起见，应该多了解一下有关宁戚的背景，就劝齐桓公说："卫国距离我们齐国不算远，可以派人去那里打听一下宁戚的情况，如果他果然是个有才德的人，再使用他也不算晚呀！"齐桓公听了以后说："你们之所以建议我派人去打听，是怕宁戚有些什么小毛病、小错误而对他不放心的缘故。如果仅仅因为一个人有些小毛病而舍弃他，不使用他真正的大才，这正是世人失去天下贤士的原因。"随后齐桓公力排众议，提拔重用了宁戚，让他做了上卿。齐桓公充分认识到作为一个统治者，在用人方面应该看重什么，不应该看重什么，所以他才能不计较人才的小毛病，提拔重用了一批有才干的贤士，使自己成为霸王。相反，如果不看人才的主流，用条条框框去限制用人，哪一个人能够符合标准被重用呢？

第六章

管理者要能做到真诚待人

　　下属要辞职，这时候管理者要做的就是留住他们。那么，该如何留住他们呢？管理者这时候就要用真诚来感化他们。记住，留住一个人，最重要的是留住他的心。

留人三诀：放心、诚心、热心

　　求安是人生的根本要求，中国人一个"安"字，代表了多少安慰与欣喜。孔子希望我们用"患不安"来消减下属的不安，因为"安"乃是激励的维持因素。然而，下属不可能完全达到"安"的境界，不安只能消减，无法消灭。

　　下属的求安，主要考虑同事与环境这两大因素，而两者互动，因此产生愉快的工作环境、可以胜任的工作、适当的关怀与认同、同事之间融洽与合作、合理薪资制度与升职机会、良好的福利、安全的保障、可靠的退休制度以及合乎人性的管理等等需求。

　　安则留，不安则去，乃是合理的反应。下属的求安程度不同，认为大安、久安、实安、众安的才会安心地留下来。认为小安、暂安、虚安、寡安的，虽然留着，心中仍有不安，必须将这些不安设法予以消减。

　　安的反面是不安。企业不能做到"有本事就来拿"，过分相信测验，以致不知如何识才、觅才、聘才、礼才、留才、尽才，下属就会不安。家族式经营并非不好，但是如果不敢相信外人，不能容才、用才，就会构成下属"留也不是，去也不好"的不安。管理者不了解真正适合中国人个性的领导、沟通、激励方法，不能人尽其才，也会引起下属的不安。

当然，企业的经营方针不明确、缺乏技术开发能力、劳务政策不能顺应时代的潮流，或者不能重视整体发展，都是下属不安的诱因。

不安的象征，最具体的，莫过于高层不放心、中层不称心、基层不热心。必须设法做到高层放心、中层称心、基层热心，才是真正安人的表现。

我们不妨把员工分成以下四种：

1. 稳定型。认为工作胜任愉快，而工作环境也相当良好的，自然身安心乐，称之为稳定型。因为这一形态的员工，多半会稳定下来，不容易见异思迁。

2. 矛盾型。认为工作胜任愉快，而工作环境则有很多不如意的地方，去留之间相当矛盾，时常犹豫不决。

3. 游离型。认为工作环境良好，不过工作则不能很好地胜任。遇到有更合适的工作机会，就可能离职他去，所以称为游离型。

4. 滚石型。工作不胜任不愉快，对工作环境也有诸多不满。在这种情境下，实在很难安心工作，以致骑驴找马，一有机会便准备跳槽。

矛盾的员工，觉得工作相当理想，舍掉十分可惜。但是在工作环境方面，则有许多不安，例如觉得照明不佳、通风不良、交通不便、噪音太大、空间太小，以及用餐不方便、安全不放心等等，内心非常矛盾："走，可惜；留，难过。"

这时候我们应该把下属的不安区分成为个人的或集体的两大类。个人的个别解决，集体的则由企业统一予以改善。

消减工作环境方面的不安，可以按"马上能做的，立刻解决；过一段时间就能改善的，宣布时间表；暂时不可能改变的，诚恳说明困难的所在"的原则，逐一改善或说明。只要员工觉得合理，自然会消减不安的感觉，使自己改变心态，从矛盾型变为稳定型，因而能够安心工作。

游离型的员工，认为工作环境相当理想，可惜工作很难胜任，当然谈不上愉快。

工作的胜任与否，直接影响员工的工作绩效及工作满足感。员工的个别差异，正是主管指派工作时必须考虑的要因。下属的特点如果符合工作的特性，例如成长需求较高的下属，给予其比较复杂的工作，而成长需求较低者，则不妨调派比较简单的重复性或标准化的工作。

实施在职训练，乃是使员工由不胜任而胜任的一种方法。定期或不定期的工作轮调，则是增加员工工作变化性的有效方式。变化性加大，可以降低对工作的厌倦程度，是工作的横向扩大。工作丰富化在垂直方向有所延伸，可以增加员工的自主责任，使其获得更为全面的满足。工作改善了，自然可以减少员工的游离感，促其趋向稳定。

滚石型的员工，由于工作内容与工作环境俱不合适，因而身不安心不乐。这种心态如果不予改变，就会成为不做事、光捣蛋的滋扰分子，令人头疼不已。

人事部门最好和这类人谈谈，不必直截了当地指责他，用一个中国人熟悉的"缘"字来沟通。先说他似乎和现在的主管没有什么缘分，所以处得不愉快，工作绩效也不高。然后让他挑选认为比较有缘的主管，如果愿意接受，便调单位试试，若是不愿意接受，也让他明白，并不是人家都欢迎他。调职之后有所改变，等于救活一个人。没有改变，则问问他的感想，自愿离职最好，若不自愿离职，再由关系比较近的同事劝导他。

尽量满足下属的需要

有的管理者会问：如果我按你说的那样满足了下属的需要，我能得到什么好处？

好处之一，就是他们会为企业卖命工作。

另外还有其他的好处：

1. 你将获得卓越的管理能力

当你认识并获悉了促使下属说话和做事的隐藏的动机之时，当你了解了他们隐藏在内心深处的需求和愿望之时，当你能拿出一份额外的努力帮助他们取得他们需要的东西时，你便赢得了卓越的管理能力，他们就会乐于做你让他们做的事情。

2. 你可以节省许多时间、精力，甚至金钱

不知你想过没有，为什么有的人获得了辉煌的成功，而有的人却遭到了惨败呢？也不知你想过没有，为什么有不少小的企业和商店在开业不到一年的时间里，利润就能成倍地增加呢？原因十分简单，成败的原因就在于管理者知不知道人们在开始做事之前在想什么。

最成功的一些企业和个人总是能够弄清楚他们的顾客在他们还没有开

门营业以前在想什么。他们从不把时间、精力和金钱浪费在猜想上，他们是通过心理学方面的研究和市场调查来得知一个人的需求和愿望的。知悉一个人的内心需求和愿望会给你带来无穷无尽的好处。

运用这些相同的基本程序，你也可以节省大量的时间、精力，甚至金钱。单单为了知道一个人的潜在需求和欲望，你大可不必花很多钱去学习心理学或者搞市场调查。等你学完本书的内容，你就会了解获得卓越的管理方法的能力。

做下属忠实的听众

员工最普遍的抱怨形式就是唠唠叨叨，把自己的一肚子不满倾倒出来。对此，作为管理者绝不能装作听不见，相反，你一定要做下属的听众。

获得驾驭人的卓越能力的最快捷、最容易的方法之一就是用同情的心理，竖起耳朵倾听他们的谈话。要成为一个好的听众，你必须学会什么都能听得进去，忘掉自己，要有耐心，要充满关心。现在让我们逐个讨论这些问题。

1. 要学会什么都能听得进去

不知道还有什么比当一个人想同你谈话，却遭到你的拒绝能更快地羞辱他的人格和伤害他的感情的方法了。有什么人这样对待过你吗？谁这样对待你，你就会背离谁，就会从谁身边走开。当别人不听你说话的时候，你的感情就可能被深深地伤害，但这并不是你的过错。

当你聚精会神听一个人讲话的时候，你必须得把你自己的兴趣放到一边，把你自己的好恶隐藏起来，不要表现出任何偏见，至少暂时需要这样。在听人讲话的几分钟时间里，你必须将自己100％的注意力集中到对方身上，细心倾听他所说的话，你必须调动起自己的全部精力和知觉听对方讲话，你能够做到这一点，也必须做到这一点。

2. 完全忘掉自己

如果你打算成功地运用这种技巧，就必须强迫你的自我给别人的自我让路。这一点对于一向以自我为中心的大多数人来说，一开始是比较困难的。

但是，如果你想获得卓越的管理能力，就一定不能以自我为中心，你必须训练自己的意识，将强调自己的习惯向后移一下，你必须暂时放弃想把自己放在一个众人瞩目的位置上的想法，而要让别人占据一会儿那个位置。

如果付给你高薪让你忘掉自己足够长的一段时间去听别人讲话怎么样？你肯定还能接受吧。

3. 要有耐心

有耐心也不是一件很容易的事，尤其是在你有急事要办，可某个人非要告诉你一些无关痛痒的事情的时候，更不容易耐住性子。有的时候，他简直把你逼得走投无路，没有办法你只好硬着头皮听，你恨不得他赶快把话说完，但每次听完之后，你都要大大夸奖他一番，因为他的建议正确又合乎逻辑。当然，偶尔你也不得不听一些废话。但与那些好主意相比，这是微不足道的！

锻炼耐心倾听的最好方法就是不批评人，不急于下判断，不管你有多忙都不能这样。在你发表看法之前，最好是冷静地思考一番，尤其是那些可能毁坏对方的自我意识、尊严和自尊心的事情，就更不能轻易断言。无用的批评从来都不是获得管理能力的方法。

在大多数情况下，忍耐只不过是一种等待、观察、倾听，直到你想帮助的人对自己的问题得出了答案。

4. 要关心别人

如果你认为能够以牺牲别人为代价来获得卓越的管理能力的话，或者不用关心那个人和那个人的生活福利也可以获得卓越的管理能力的话，就大错特错了，那是万万办不到的。你卓越的管理能力必须对别人有好处，否则你就不会有管理的能力。

所以，在你期望能够获得驾驭别人的卓越能力之前，必须得会关心别人。如果你做不到真正地关心那个人和他的个人福利，你的认真倾听、忘掉自己或者保持耐心就都变得没用了。

关心别人是建立深厚而持久的友谊的基础，也是一切友谊的核心和获得卓越的管理能力的必由之路。

让企业充满温馨

作为通信行业的领导品牌和创新者，北电网络的理念是要发展成一个让客户、股东、下属都可以生活、工作并以此为家的社区。

"我们是一个关怀下属的企业，我们鼓励相互支持。管理者和下属之间互相支持。管理者有发展下属的责任，下属也有积极参与的责任。"北电网络称主管为"人事经理"，他们有很大一部分精力放在有效管理和激发下属的潜能上，所以每个经理都知道去理解下属的内心需求，看什么东西能够激励他们。例如有些下属比较注重家庭，经理要了解他的家庭背景，如果他需要较多时间在家里，企业要尽量去配合，出差就少安排一点。在北电网络，通常员工大概工作两年就会有轮岗的机会，当然轮岗要征询员工的意见。在北电网络企业有一套制度，叫内部调度，用来通过轮岗增加员工其他方面的能力。执行内部调度至少下属要在一个岗位待18个月或24个月的时间，这样可以使他对现有的工作有足够的了解。

用薪金奖励进步下属只是一种比较简单的手段，物质奖励只是一个临时方式。随着时间的推进，下属的个人物质水平提高了，薪金的激励作用就慢慢地降低，这就是所谓薪金和劳动生产率不是绝对成正比的关系。对下属进行发展规划，帮助下属制订他的职业计划，会更加激励下属进步。

北电网络在激励下属方面更注重下属的职业发展，例如让下属去轮岗，在工作中能够吸收别人的经验，激励他们继续发挥自己的潜能。

如果下属有轮岗的需求，可以向人力资源部提出来，然后人力资源部会在别的部门给他找机会，有时候别的部门也将这种需求提交给人力资源部。双方如果都有意，可以通过面试交流，如果大家都同意的话，这个下属通常就会到新岗位进行工作试用。为了避免内部部门之间相互挖人，北电网络在制度上有一些基本要求，例如必须在一个岗位工作满18个月或24个月；另外挖人方经理要跟供人方经理提前打招呼。"不可能让一个人在一个职位做到退休。我们希望留住人才，因为我们请进来的人都是很优秀的人，希望他们能够留下来，企业会提供职业发展空间。"

北电网络是一家具有一百多年历史的电信企业，按照常理，它容易产生官僚主义和人浮于事的现象。但是在北电网络大家都不讲级别，直呼其名，甚至在工作描述中只会突出职位的职责、贡献以及与团队如何配合，不会特别重申级别。北电网络在中国的市场和销售下属有500人，男女比例是6：4，管理人员和一般员工的比例是1：9，管理人员中女性比例也很大，达到1/3。

绩效评估结果是员工升职的一个参考。北电网络企业不会事先给个别下属特定考核，而是对每个升职者有特定的考虑。这个考虑包括该员工一路上来的表现，也会考虑他的潜能。北电网络认为，一个管理者的潜能包括四个方面：一是学习的能力。北电网络认为一名员工的学习能力比他的知识和经验可能更重要，因为市场在快速发生变化，知识不断更新，学习的速度和能力是非常关键的素质。二是去赢得工作成绩的能力。管理者不但要善于计划，而且要赢取结果，这也是重要方面。三是去带动、影响别人的能力。这是管理者的基本素质，每个经理人都要有发展别人的能力。

四是对企业绩效的贡献。

北电网络每年都有员工意见调查，通过调查给人力资源部一个整体的员工情绪指数。在调查问卷中，每个业务部门都有非常针对性的调查，通过调查能够看出每个部门有什么问题。随着变化加快，北电网络现在半年就作一次员工调查，对现代人力资源工作来说，以一年为一个项目执行期间已经不能适应快速变化的人力资源市场。

调查问卷设计得非常细，有不同的问题组别，分类很科学，调查完毕，通过报告分析就会得出非常清楚的员工士气结果。往往一个员工待在一个部门快不快乐跟经理的关系非常大，所以如果一个部门经理本身存在问题，对下属来说是非常糟糕的事情。由于人力资源部长期坚持建设一个很开放的环境，员工有什么事情很快就会反映出来，不会出现一个部门主管一手遮天的情况。

在北电网络企业，员工因为种种原因提出辞职时，企业通常会执行一个辞职面试流程，人力资源部会跟这个员工谈，去看这个人应不应该挽留，并通过面试来获得具体的管理方面的建议。通常在企业的办事流程、业务发展等方面，通过面谈，员工能给人力资源部提供一个可供参考的建议，对改进企业管理效果明显。员工离职的反馈对人力资源工作具有重要价值。如果发现一个非常优秀的人才需要挽留，人力资源部会找出企业方面存在的问题，为让下属留下来提供机会。

"我们北电不考勤，充分信任下属，我们也信任经理。人力资源部很少将精力花在员工考勤方面。每个部门的经理要通过培训熟练掌握一些行为方针，如果一个员工离行为规则太远，经理就会提出来。每一个季度北电网络都有全体下属大会，企业的高层管理人员会来参加。大会一方面是报告业务方面的事，另一方面下属有什么问题也在会上提出来，管理层和下属进行直接问答，而且每个部门和团队都有他们的部门会议。"

北电网络的这些措施让企业充满了人情味，温馨无比。

"一分钟"管理法则

目前，西方许多企业多采用"一分钟"管理法则，并取得了显著的成效。其具体内容为：一分钟目标、一分钟赞美及一分钟惩罚。

一分钟赞美，就是企业的经理经常花费不长的时间，在下属所做的事情中，挑出大体正确的部分加以赞美。这样可以促使每位员工明确自己所做的事情，更加努力地工作，使自己的行为不断地向完美的方向发展。

企业中的每个人都希望看到自己对于企业成果的重要性，都希望由于自己的参与而使事情向积极方向发展的努力被认同。作为企业的管理者，对于下属的努力作出积极的评价，哪怕只是不经意地提到，都会对下属工作的积极性产生极大的推动作用，在下属忠诚度的培养上，也会起不可估量的作用。

作为管理者，要有意识地对下属的工作进行积极评价，不要等到工作结束、成果已出或年终审核的时候才对下属进行赞扬。如果你在工作的进行当中对于下属的努力予以及时的肯定，对于下属的工作来讲实际上是一种额外的推动，在这种情绪的引导下，工作的最终成果可能会出现质的飞跃，可以激发下属对于企业的奉献精神。

要认识到金钱并非是唯一的赞赏方式。表达赞赏的方式有许多种，如可以直接说给个人听，也可以用评价信、报刊或杂志上的文章、奖励徽章及证书、一封电子邮件、共进工作餐、共度假期、赠送鲜花甚至小礼品等方式。当然，你的奖励要有创意，与众不同的东西会使得奖励更有意义。

集中企业全体人员召开表彰大会是一种认同，当然，这种赞扬也非常有效。我们在此强调的是，认同的形式并非仅此一种，私人感情化的认同也是卓有成效的。一个赞赏的眼神、一次善意的微笑、拍拍肩膀、伸出大拇指、一封E-mail，一张小小的便条、几句称赞的话语，都会使下属得到长期的激励。

作为管理者，赞赏下属是否发自真心，每个下属都能感受得到。切忌形式化的赞赏，你言不由衷带来的结果是还不如把这些话都省略掉，它的影响是负面的。所以，聪明的管理者对下属的赞赏永远是诚恳地、真实地、真诚地表现出来。

在企业中，有许多员工日复一日地做着一些"分内之事"而没有得到任何感谢。的确，"分内之事"是员工应当做的，这也是他们得到薪水的原因。但即使员工没有做出任何成绩，他也应当作为团队中有价值的成员而受到赞扬。在组织中有许多平凡岗位的下属，如前台接待、看门人、打字员、收发室的工作人员、园艺工人、保安、餐厅服务员、司机等，时不时地给他们以表扬，对于整个团队来讲，也会起到重要的精神激励作用。

对下属该大方时应大方

管理者办事，贵在用人，而要用好人，则首先应给人一些好处和利益。古今中外，用人而不予人利益就能办好事的是很少见的。世间任何一个人的进取精神和事业心，都是与某种利益相关联，或为立功，或为立言，或为财利，或为子孙之业，或为精神上的快乐。

"主将之法"在于揽英雄之心，其方法之一就是考虑人才的利益要求。《三略》中说："夫用人之道，尊以爵，赡以财，则士自来。"意思是说：用人的方法，就是按功行赏，有大功者封以爵位，以示其尊，以成其名；并给予财物以供养他，以济其生，以济其家。这样才能使能人志士无后顾之忧，无叛逆之心。所以兵书中总结说："礼崇则智士至，禄重则义士轻死。"就是说，尊崇有才能的人，那么智谋双全之士就会投奔于你；俸禄优厚，忠义之士就会死命报效。所以在对待真正的能人贤才时，不要吝惜钱财，封赏有功之士，不要有意拖延，错过最佳时机。这样就能上下团结，办成大事。如果不考虑贤能人的利益要求，一味地只要他们奉献，这就犹如只要马儿跑，却不给马儿草料一样，久而久之，必然人心涣散，就会有背离之心，而无效命之恩。一般来说，志士仁人对于利益并不过分要求，所要求的多为处尊位、扬其名。但是不过分要求利益，并非不要利益。因为才智之士其才能所带来的利益是巨大的，有时候他们的一个策略、一次谋划，顶得上千军万马。所以尊之以爵，以显其名，赡之以利，以对其功，是用人的基本法则。

韩信攻下齐国后，派使者请刘邦封他为齐王，刘邦最初不想封，谋士张良劝之，终于封他为齐王，而刘邦最后借助韩信的军事才能而建立汉王朝。

曹操死后，曹丕代汉立魏，避于西蜀的刘备的下属官员于此时也劝刘备称帝，以重整旗鼓恢复汉室。但刘备觉得不妥，坚辞不从其说。后来诸葛亮来劝说，刘备则欣然同意。诸葛亮的说辞的主要内容，就是许多将士追随刘备转战南北，不辞艰苦，目的就在于建功之后能立业，有尺寸之封。于是刘备听从诸葛亮之言，称帝而封功臣，赏斗士，使得人心安定。

能否很公正地封功臣、赏贤士，在于用士之人的眼光和心胸。吝啬的主子心胸狭窄，以为是自己开创了事业，天下是他一人或一家的天下，生怕别人沾了他的光，仿佛别人给他干活是在吃他的闲饭，那他就只会让人卖命，而没有尺寸之封，无一两之赐，最后众散士离，落下他一个孤家寡人。项羽这个霸王就是如此。心胸开阔，气度非凡的人会认为：天下是天下人的天下，事业是所有参与这项事业的人的事业。有这样心胸的人，才能与贤士能人共渡患难，共享欢乐，分享胜利成果。而不会像越王勾践那样，只能共患难，不能共欢乐。正是因为勾践的心胸狭窄，导致大夫文仲冤死，范蠡隐遁，勾践失去了左膀右臂，最后骄纵而失国。

古代成功的领导多把钱财花在了志士能人身上，而当今的管理者不仅肯把钱财花在人才身上，而且还肯花在其他普通的员工身上。这也许是社会的趋势所在吧，对员工过于吝啬的后果是很糟糕的。

日本麦当劳汉堡包店每年平均在职员身上花费1000万日元给东京荻洼

卫生医院和警察医院，作为保留病床的基金。

当员工或其家属生病、发生意外时，可立刻住院接受治疗或者动手术。即使在星期天得了急病，也能马上送入指定医院，避免在多次转院途中因来不及施救而丧命。

近四年麦当劳的员工都不曾因病住院，那么每年1000万日元、4年共4000万日元的钱岂不是白花了？

但只要能让员工安心工作，对麦当劳来说就不会吃亏。

麦当劳所采用的方法是全体员工及其家属都能得到一张医疗卡，可随时凭卡住院。

像这样处处为员工着想的企业机构，在日本算得上是绝无仅有。

日本麦当劳汉堡包店的信条是：为员工多花一点钱绝对值得。

给人才一个合适的舞台

重视人才应该从招聘时就开始。宝洁公司自己发展了一套衡量应聘者管理能力及解决问题的能力测试，面试过程具有目的性，并采取行为导向。应聘者过去的经历及成就将被检验，并找出下述能力的证明：管理、解决问题、优先顺序设定、主动性、事后追踪和团队合作的能力等。高级主管将提出招聘的结果，而相关改善方案也会持续地评估以后的招聘过程。

100%的内部提升。企业坚持100%的内部提升政策，内部提升可以培养长久性的员工。既然未来的管理层来自内部提升，企业必须聘用最好的人才，并协助他们进入最佳状态。

宝洁公司经理认识到自己的绩效与发展下属能力息息相关，所以协助下属成功是他们的职责。这是通过"工作和发展策划系统"来进行的，用于下属的提升、定薪和下属发展。每个下属的"工作和发展策划系统"都有四个部分：前一年计划与结果相比；需要进一步成长和发展的领域；近期和长期的职业兴趣；下一年培训和发展计划。

在企业，发展员工潜能被认为是一件严肃的事情，而且是每个管理者的重要工作之一。每个员工都是管理者，宝洁在鼓励员工积极扮演管理者角色方面提供了很好的氛围。前任宝洁总裁认为："别让员工感到被过度管理，应该将责任与决策下放到企业基层。"管理层提出需求，如缩短新产品上市时间，提高服务品质，积极开展多元化，并全权交给一线员工负责，由每个团队分工合作。

鼓励下属勇于担任管理者角色并不是指所有主管可以对事业漠不关心。实际上，宝洁的主管花费许多时间深入事业的核心。比如，企业的高级主管需要经常拜访研发部门、生产部门并与消费者交谈。

完善的培训机制。宝洁认为，在职训练是最好的训练。宝洁将每天的经营活动视为学习和培训的源泉。每个部门都有自己的训练课程，比如，品牌部门针对不同管理层级设计不同的课程和研讨会。此外，宝洁的员工可以在全球找到课程和研讨会的目录，他们只要向上级咨询并确认课程对个人发展是必要的，即可登记上课。

宝洁公司于1992年成立了宝洁学院，其宗旨在于将企业高级经理的经验及理念传授给其他年轻的下属，学院的教授来自企业的高级管理层，每年大约有4000名员工在宝洁学院接受培训。

宝洁公司在提高员工福利方面有悠久的历史。早在19世纪80年代，宝洁首创了一周五天工作日及利润分享制，震惊了美国产业界，激励下属提高效率来抵消福利的成本。1998年5月，宝洁首创了全体下属享有下属认股选择权——不限于管理层。这样员工与企业的利益紧密相关，员工效率会自发提高并为宝洁企业实现长期目标提供保障。

留一个缺口给你的下属是一个很简单的道理，但是真正做起来却没有这么简单。在现实管理当中，作为一个管理者，要针对"缺口"所做的文章其实很多。

一位著名企业家在作报告，一位听众问："你在事业上取得了巨大的成功，请问，对你来说最重要的是什么？"

企业家没有直接回答，他拿起粉笔在黑板上画了一个圈，只是并没有画满，留下了一个缺口。他反问道："这是什么？"

"零？""圈？""未完成的事业？""成功？"台下的听众七嘴八舌地答道。

他对这些回答未置可否："其实，这只是一个未画完整的句号。你们问我为什么会取得辉煌的绩效，道理很简单，我不会把事情做得很圆满，就像画个句号，一定要留个缺口，让我的下属去填满它。"

台湾某电子企业获准在上海投资，一位MBA毕业生荣幸地被选作上海方面的"二把手"。在企业落成典礼之后，按照程序，老总要接见各方面的人员，但是有一些重要的见面最终被取消了。当这位新人对老总提出建议的时候，老总拍拍他的肩膀说：那这件事就委托给你了。

果然，这位"MBA"带着这份重托信心十足地开始了行动。很快，各位相关人士认识并且接受了这位年轻的新人。随后的工作，就变得水到渠成了。

留一个缺口给下属正是体现了一个重要的理论——"目标—手段"论。

管理者的最佳方式是上一级把握目标,下一级提供手段,而这一级的手段,又转化成更下一级的目标。管理的过程,就是这样一个目标与手段传递的过程。

目前中国很多企业的老总都是第一代创业者。这些人就好比是当年的马上皇帝,自认为是文武全才,在各个方面都争强好胜,结果造成了拒人于千里之外的局面。

魏征在《谏太宗十思疏》中就曾经说道:"惧满溢,则思江海下百川。"有愿为人下的胸怀,才能吸引群贤毕至,以沧海的低位自居,才有"百川到海"的澎湃。

湖南某机顶盒企业老总刘某是一位很了不起的人物。作为20世纪70年代成都电子科技大学的毕业生,他不乏优秀知识分子的智慧,而在商海中从餐饮业转战到IT销售再到房地产,然后是机顶盒OEM,每一步的成功都体现了他作为一个商战高手的勇气和魄力。这样一个人应该说有理由自信。但是过分的自信正逐渐让他的企业远离发展的轨道。

用他的话说,自己现在正"求贤若渴",但是长久以来形成的习惯使得他很难在自己的工作中留下一个"缺口"让下属去完善。所以,刘总常常挂在嘴边的一句话就是:"累,真的很累,没有值得信赖的下属。"

可靠的下属往往不是招聘来的,而是培养出来的。没有机会锻炼,一个再好的人才也只能去纸上谈兵。即使谈得再好,在实战的时候,也会像赵括一样一败涂地。所以这个时候,留下一个"缺口"让下属去完善就显得尤为必要。

在放权的时候,有的管理者会放心不下,唯恐下属会搞个"一佛出世，二佛生天"，所以常常偷偷监督或者越级调查，结果导致下属的工作难以展开。

另外，当你的下属在工作中出现缺口的时候，你会怎样对待呢?

其实在很多管理者勇敢地为自己的工作留下缺口的时候，却很难宽容下属的工作留下缺口。尽管从理智上来说，他清楚地知道下属也需要通过这种方式获得管理能力。

是的，当泰勒的科学管理思想被摒弃之后，管理的词典里就没有完美主义。上一级留一些缺口，让下一级有介入的空间，往往是最实用的管理之道。

与人才促膝会谈

当优秀人才提出辞职后，和他们进行一次促膝交心式的会谈，是十分必要和有益的。通过交流，可以了解他们为什么离开以便采取相应对策及时挽留。即使未能留住，也可以帮助管理者发现企业中许多隐藏的问题。

人才流失是令人痛惜的，管理者们在交流的时候，常常抱怨他们在网罗优秀人才的时候是如何的不易，而失去他们却又如同秋风吹落叶一样难以挽回。是企业的薪资水平已经不再具有市场竞争力? 或者企业的管理结构出现了某种可怕的缺陷? 或者企业的业务方向发生严重偏离以至于前景堪忧？当优秀人才提出辞职时，企业管理者既感到突然，又会在脑袋里闪现出很多的问题，但是每个问题都不能确定。优秀人才的流失的确是令人痛惜的，但也能促使管理者进行反省。如果能够弄清楚优秀人才出走的真正原因，或许是这种事件发生后的最大收获。

优秀人才选择离开，一般可能有以下几种原因：

1. 对薪资的抵触心理

对薪资待遇不满意，对更高水平薪资待遇的追求，是优秀人才跳槽很常见的原因。这种情况的发生一方面可能是由于企业疏于薪资水平的市场调查，以致企业整体薪资水平失去竞争力。另一方面也可能是企业内部人才考核机制出了问题，不能有效地根据员工的个人能力及所承担工作的性质做出适应的薪资安排。

2. 对工作的抵触心理

对所承担的工作有兴趣是最好的工作动力，具有挑战性并且能够充分发挥潜力，是众多优秀人才择业时重点考虑的因素之一。相反，一份枯燥乏味的工作，或者与兴趣相左的工作只能桎梏人的创造能力和消磨人的斗志，无论对企业还是对个人都是一种重大损失。如果薪水可观，或许有些人才还能忍受下去，但是大多数人会毫不犹豫地选择离开。

3. 对管理方式的抵触心理

对管理方式不满。企业的管理结构和管理方式是企业文化的重要组成成分。优良的管理文化，不应该压制员工的创造性，而应该鼓励员工去做新的尝试；优良的管理文化，不应该禁止下属自主决策，而应该强调效率；优良的管理文化，不应该对下属的成绩视而不见，而应该对这种成绩适时给予鼓励。但是大多数企业往往并非如此，它们的机构设置复杂、工作人浮于事、官僚习气十足、办事效率低下。在这种环境下，一个优秀的人才是很难有展现才华的机会的，也不能得到经常的肯定。等待晋职的梦是如此之长，他们只好选择离开。

4. 对企业目标的抵触心理

对企业的目标缺乏认同。良好发展的企业应该具有非常清晰的短期与长期的目标，并且经常安排高层和普通员工参加的聚会，以便通过这种交流，企业上下能够达成一致目标，并且逐渐取得共识，从而拧成一股绳齐头并进。一个商业目标不确定的企业是很难留住人才的，除非它有足够的资金和实力，并且允许优秀人才参与制定企业的发展战略。

5. 对个人发展的心理抵触

缺乏个人成就感也是很多优秀员工辞职的原因之一，他们不能容忍总是默默耕耘却没有任何荣誉回报。荣誉对于每一个优秀员工来说，既是必要的酬劳，更是有效的激励，可以使他们以及他们的同事做得更好、更出色。个人成就感可以来自很多方面，有晋职上的荣耀，有优越办公条件的气派，也有业务上的开创性和领先性，还有良好的社会反馈以及个人能力的逐步提升。常年从事单一的工作，或者总是为他人作嫁衣，缺乏与外界的交流，这种工作往往会使人们烦躁和情绪低落，从而萌生去意。

留人的根本是使其产生归属感

对于大多数企业管理者来说，留住人才是他们的重要任务之一。但对于员工来说，有时金钱并不是作出选择的唯一条件，工作环境的温馨、工作伙伴的熟悉、工作配合的默契，都对一个人的工作心理状态有影响。其实，每一个人都需要"归属感"，让员工拥有"归属感"是留住人才的重要原则之一，下面让我们来看看微软以及美国西南航空的做法吧。

美国微软公司是IT行业的精英人才库，它的成功固然有多方面的经验可以总结，但就其对内部员工的民主化和人性化管理来说，一个不同于其他企业的特色是企业为了方便员工之间以及上下级之间的沟通，专门建立了四通八达的企业"内部电子邮件系统"，每个员工都有自己独立的电子信箱，上至比尔·盖茨，下到每一个员工的邮箱代码都是公开的，无一例外。

作为微软的员工，无论你在什么地方、什么时间，根本用不着秘书的安排，就可以通过这一"内部电子邮件系统"和在世界上任何一个地方的包括比尔·盖茨在内的任何一个微软成员进行联系与交谈。这个系统使员工深深体验到一种真正的民主氛围。

微软的员工认为，"内部电子邮件系统"是一种最直接、最方便、最迅速，也最能体现尊重人性的工作沟通方式。通过"内部电子邮件系统"，除了上层对下层布置工作任务，员工们彼此之间相互沟通、传递消息外，最重要的是员工可以方便地使用它对企业上层，甚至最高层提出个人的意见和建议。

微软的"内部电子邮件系统"为企业员工和上下级的交流提供了最大的方便，为消除彼此间的隔阂、保持人际关系的和谐疏通了渠道，为拴住人心、留住人才发挥了极大的作用。

美国西南航空企业在激烈的人才争夺战中，用独树一帜的"最佳雇主品牌形象"吸引和留住了符合企业核心价值观的员工。

"最佳雇主品牌形象"是企业对员工做出的一种价值承诺，一种与客户服务品牌同等重要的内部品牌。在2000年，美国西南航空企业的每一位员工都收到了一份包括保健、财务保障、学习与发展、变革、旅行、联络、工作与休闲、娱乐等八项内容的自由"个人飞行计划"。该计划将"最佳雇主品牌形象"通过警句的形式传达给广大员工："西南航空，自由从我开始"。

美国西南航空公司认为每一位员工都是实现自由承诺的要素。他们通过建立"最佳雇主"的内部品牌来激励员工，为员工提供充分的自由，不仅使员工与企业之间产生了强大的亲和力，而且有效地激发了员工创造优质客户服务品牌的热情。该企业员工福利与薪酬总监说："我们希望通过自由承诺进一步加强优秀人才的敬业精神，'优秀雇主'这一称号使我们在吸引和留用优秀人才方面获得了更大的竞争优势。"

因此，高薪并不能买得到员工的永久性忠诚，唯有情感的投入才能让员工无法抗拒企业巨大的磁力。

第七章 管理者要能善于协调团队

　　团队中不可避免地会出现这样或者那样的冲突或分歧，管理者的责任就是化解这些冲突和分歧，协调好成员之间的关系，让团队保持一种和谐的氛围。

人选对了，事就成了

处理冲突并不困难

对于管理者来说，处理管理中的冲突并不需要太多的原则，只需要记住下面两点，所有冲突的处理就都不是太难的事情。

一是要学会感激。著名成功学家安东尼指出：成功的第一步就是先存一颗感激的心，时时对自己的现状心存感激，同时也要对别人为你所做的一切怀有敬意和感激之情。如果你接受了别人的恩惠，不管是礼物、忠告或帮助，而你也够聪明的话，就应该抽出时间向对方表达谢意。无数的事实证明，及时回报他人的善意且不嫉妒他人的成功，不仅会赢得必要而有力的支持，而且还可以避免陷入不必要的麻烦。嫉妒逼人不仅难以使自己"见贤思齐"，虚心向善，而且也会影响自己的心情和外在形象，更主要的是，这会使自己失去盟友和潜在的机遇，甚至还会树立强敌——因为一般来说，被别人嫉妒的人应该不会是弱者，以"一报还一报"的心理，他也不会对你太客气。

二是一切着眼于未来。管理者处理冲突是需要一些耐心的。从这个意义上而言，宽容就是耐心，就是给第二次机会。即便有过一次背叛和冒犯，但只要不是死怨，就要以一切着眼于未来的心态，给对方改正的机会，从而有助于重新合作。事实上，这种机会往往也是给自己的，就像自

126

己会荒唐、会短视、会无意冒犯别人一样，别人也是可以原谅你的，但同样的错误只能犯一次，可以无意一次，却不可以无意两次。要学会对事不对人，在你给别人第二次机会之前，一定要告诫自己"是事错了，而不是人错了"，这样你就可以给他一个改正的机会。对于管理者来说，使未来显得比现在重要，也是有利于促进合作的。

化解矛盾，搞好同事关系

有人批评林肯总统对待政敌的态度，说："你为什么要试图让他们成为朋友呢？你应该想办法去打击他们、消灭他们才对。"

"我难道不是在消灭政敌吗？当我使他们成为我的朋友时，政敌就不存在了。"林肯总统温和地说。

看来林肯非常懂得化解矛盾、搞好人际关系的秘诀。一个人即使为协调人际关系做出了很多努力，事实上仍然不能完全免除同别人的冲突。只要人们之间发生交往，就会或多或少产生矛盾，这是由人的天性所决定的。

发生矛盾的原因不外乎这么几点：

1. 观点不同

人们之间发生的冲突，多见于团队成员之间，也经常发生在学术界。

古人云：道不同不相为谋。由于对同一个问题产生不同的看法，人们之间便相互产生矛盾和隔阂，进而导致双方互存偏见，相互攻击，以致发展到势不两立的地步。

2. 趣味相异

这类冲突主要发生在亲属之间，如夫妻矛盾、婆媳矛盾、父母与儿女之间的矛盾等。家庭是一个人生活的主要场所，如果后院经常起火，一个人是难以把精力和注意力全都投入到事业上的。一个在事业上建立了辉煌成就的人，必定离不开家庭的支持。一个成功的男人背后必定有一个做出巨大牺牲的女人，反之亦然。

3. 个性抵触

性格、气质不同以至相反的人，相互之间也会产生冲突。例如，一个急性子的人，会看不惯一个慢性子人做什么事都磨磨蹭蹭；一个慢性子的人，又会抱怨一个急性子的人干什么都风风火火。总之，这两种人常常相互不能理解和体谅，结果便会产生一些矛盾。

4. 产生误会

人和人相处，即使主观上不想发生摩擦，但仍然难以避免产生一些误会，有些误会甚至还是根深蒂固、难以消除的。例如，《红楼梦》中贾宝玉和林黛玉便相互产生了误会，曹雪芹对此做了饶有趣味的描绘。其实，类似这样的误会在现实生活中不知有多少。

5. 发生纠纷

生活中有些冲突是隐性的，比如志趣不同的两个人之间的冲突未必就公开化，但是也有不少矛盾是会激化的。例如同事之间、邻里之间，甚至两个陌生人之间，都往往会因一点小矛盾而发生显性的冲突，轻则产生口角，重则拳脚相加，以至于发展到不共戴天之仇。

产生矛盾的原因有很多，但归根结底还是由于诸如狭隘自私、敏感多疑、刚愎自用等人性的弱点造成的。人们思考和处理问题往往习惯于从自我出发，平时疏于同别人沟通，因而出现矛盾后，总认为真理在自己手中，别人都是错的。

发生这样那样的冲突应该说对双方都是不利的，必然会对各自的事业产生消极的影响。一个想要成就一番大事业的人，必须想方设法避免不必要的冲突，千方百计地消除各种矛盾，使自己有一个宽松和谐的工作和生活环境。

那么，一个想成就一番大事业的管理者，如何才能防止同别人产生冲突呢？

1. 要胸怀宽广，高瞻远瞩，凡事讲大局、讲风格、讲团结，调动一切积极因素，为一个共同的目标而努力。

2. 要注意调查研究，及时掌握下属的思想动态，努力化解各种矛盾，防患于未然，减少或完全消除相互之间的隔阂。

3. 以理解的眼光看别人，懂得大千世界是五彩缤纷的，人也是各种各样的。别人不可能完全同我们有一样的志趣，我们不能像要求自己那样要求别人。每个人都有自己的个性和特点，有不同的长处和短处。

4. 宽容别人的过错，明白世上没有十全十美的人，包括自己在内。谁都有缺点，谁都有可能犯错误，要给别人改正错误的机会，就像希望别人也原谅自己的过失一样。

5. 对别人不要求全责备，要小事糊涂，大事明白，记住"水至清则无鱼"。对别人要求过高就会曲高和寡，对别人太苛刻就会拒人于千里之外，对别人横挑鼻子竖挑眼，就没有人同我们共事。

6. 除非是涉及原则性的问题要搞清楚是非曲直，对一些无关紧要的事，不能抓住不放，要大事化小，小事化了，甚至有意装糊涂。绝不应将简单问题复杂化，本来没有多大的事，却非要弄个水落石出，论出个我是你非，那只能是天下本无事，庸人自扰之。

7. 冤家宜解不宜结。即使有了矛盾，也应开诚布公，想方设法寻求理解和沟通，就事论事，不要把矛盾扩大，要勇于做自我批评，以自己的真诚换取别人的理解。

总之，化解矛盾要首先从自己做起，记住，你如何对待别人，别人也会如何对待你，要走进别人的心灵，自己首先就要敞开胸怀。

面对下属的顶撞怎么办

水至清则无鱼，人至察则无徒。这就是告诉我们，待人处世太刻薄了，就很难与人难处。你不能用自己的标准去要求和衡量所有的人，不能责备别人的"另类"。那么，面对下属的顶撞，管理者应该如何做呢？

首先必须强调的一点是，异己的存在，可以促使你在决策时格外严谨，力求科学严谨，以免被异己找出破绽，发现纰漏。可以说，下属的顶撞就是竞争对手的存在，就是监督者的存在，可以促使双方更加勤勉。

美国前海军司令麦锡肯去看望陆军司令马歇尔时说："我的海军一

直被公认为世界上最勇敢的部队，希望你的陆军也一样。"马歇尔不肯示弱，说："我的陆军也是最勇敢的。"麦锡肯问他有没有办法证实一下。"有！"马歇尔满怀信心地说。他随便叫住一个士兵，命令道："你给我过去，用身体去撞那辆开动的坦克。""你疯了？"士兵大叫，"我才不那么傻呢！"

此时，在这种关乎自己的面子和威望的非常时刻，自己的下属公然顶撞自己，上司一般都会勃然大怒。然而，马歇尔没有这样做，他笑了笑，然后满意地对麦锡肯说："看见了吧，只有最勇敢的士兵才会这样同将军说话。"马歇尔把士兵公然顶撞自己的行为视为勇敢的举动，这正是大将军的气魄与胸怀！这就是成大事者的独特认识。试想一下，假如马歇尔将军视那个士兵为异己，并且一味地去扼杀，他必定会置士兵于死地。最终，他不仅失去了一个士兵，而且损害了自己的威望，挫伤了所有士兵的勇气。

包容下属的错误

如果管理者意识到自己不是完人，不可能不犯错的话，那么管理者也应该意识到自己的下属不是完人，也不可能不犯错误。

如果你的下属因某个疏忽导致了顾客的不满，顾客上门兴师问罪来了，怎么办？逼下属自己去道歉、让他自己处理"烂摊子"，还是亲自出马去处理自己心里也没把握的问题？

首先，我们必须强调管理者有不可推卸的责任。作为一名管理者，遇到这种突发情况，首先要冷静。第一，不要推卸责任，要亲自出马，对因下属的一时疏忽给顾客添的麻烦，向顾客表示诚恳的歉意。第二，在弄清事情的经过后，对顾客提出的合理要求应尽力予以满足，并求得相互的理解。对顾客提出的不合理要求或无理取闹、借题发挥，应做耐心的解释工作。第三，以教育为目的，对下属进行耐心的说服和教育，查找问题的症结。主动承担责任，能体现一个管理者的气度和修养，这也能得到下属们的理解和尊敬。切不可不问青红皂白，当着顾客指责下属，盛气凌人。

其次，要学会变坏事为好事。虽说是下属惹的祸，但你硬要他自己去收拾，碍于职权的限制，他出面恐怕不会取得什么满意的结果，很可能问题最后还要回到你这儿。如果你亲自去处理，由于对问题不甚了解而心里没底儿，同样不利于问题的解决。如果你与当事的下属共同去面对来兴师问罪的顾客，就大大增加了解决问题的可能性。管理者主动在外人面前承揽责任，会减轻下属的包袱，他会感激你，同时你也会赢得其他下属的人心。同时，对顾客来说，能够表现出部门对此事的重视和诚意。在解决问题和协调双方利益时，管理者较具权威性，可以更好地维护部门利益。

总之，管理者要做到优秀，就必须去扛一些事情，只有这样才能给大家留个负责任的好形象。

原谅下属的失礼

面对下属的失礼，管理者应该怎么办？以下是一些遇到这种情况时管理者必须注意的事项：

一是尊重下属的人格。下属具有独立的人格，管理者不能因为在工作中与其具有管理与服从的关系而损害下属的人格，这是管理者最基本的修养和对下属最基本的礼仪。面对下属的失礼，管理者要注意保持自己的基本修养。

二是善于听取下属的意见和建议。管理者应当采取公开的、私下的、集体的、个别的等多种方式听取下属的意见，了解下属的愿望，这样既可提高自己的威信，又可防止和下属关系的紧张。面对下属的失礼，管理者要耐心，因为很多失礼的情况是因为下属急于向管理者提意见。

三是宽待下属。管理者应心胸开阔，对下属的失礼、失误应用宽容的胸怀对待，尽力帮助下属改正错误，而不是一味打击、处罚，更不能记恨在心，挟私报复。

四是培养管理者的人格魅力。作为管理者，除管理能力外，还应有自己的人格魅力。如良好的形象、丰富的知识、优秀的口才、平易近人的作风等。

　　五是尊崇有才干的下属。管理者不可能在各方面都表现得出类拔萃，而下属在某些方面也必然会有过人之处。作为管理者，对下属的长处应及时地给予肯定和赞扬。如接待客人时，将本公司的业务骨干介绍给客人；节日期间到为公司做出重大贡献的下属家里走访慰问；有意地突出一下某位有才能的下属的地位等，都是尊重下属的表现。这样做可以进一步激发下属的工作积极性，更好地发挥他们的才干。相反，如果管理者嫉贤妒能，压制人才，就会造成管理者和下属的关系紧张，不利于工作的顺利开展。

不鼓励"打小报告"的风气

　　管理者在处理冲突的时候一定要注意爱"打小报告"的下属，来说是非者，必是是非人。管理者在进行管理的过程中需要注意不要让"打小报告"成为一种文化。

　　"打小报告"在道德上是难以被人接受的，因为它使人与人之间失去信任；"打小报告"的人或告密者之所以遭人唾弃和孤立，是因为他们使周围的人感到了不安全。如果企业里总有人"打小报告"，企业气氛一定是紧张不安的，同事之间关系也一定是疏远的、戒备的。这样容易植根一种不信任在每一个下属的内心深处，使他很难坦诚、轻松地面对他人。为了处理人际关系，他不仅会损耗大量的心理能量，而且还会因各种误解而造成自己与他人的痛苦。

"打小报告"虽然不等同于"告密"，但在人们心中，"打小报告"和"告密"是一个连续的链条，这些行为会造成群体和个人内心的激烈冲突。

因此对于管理者来说，千万不要鼓励告密的风气，这种风气一旦助长，会影响整个团队的士气。管理者要保证整个团队的有效运转，使每个员工都能发挥自己的能力，并迅速成为企业的业务骨干，纪律和约束是不可或缺的，但是如何维护纪律却可以有很多方法。优秀的管理者要有能力在企业里创造一种氛围：鼓励下属在犯错误时勇于承认、担当责任、自我教育，而不是依靠"打小报告"。

管理者承认错误是真诚的表现

管理者要有豁达和宽容的胸襟，要对下属的错误比较宽容，不要太过苛刻，给下属过多的责难。同时，如果管理者本人犯了错误，就应该有敢于认错的勇气。勇于认错不仅是一个管理者应有的素质，也是一种难得的品德。其实，许多大企业的管理者都具备这样的优良品德。日本"企业经营之神"松下幸之助就是一个敢于认错的优秀管理者。

一次，一位下属因经验欠缺而使一笔货款难以收回，松下幸之助勃然大怒，在大会上狠狠地批评了这位下属。

等到气消之后，他为自己的过激行为深感不安。因为那笔货款发放单上自己也签了字，下属只是没把好审核关而已，因此自己也应负一定的责任，确实不应该那么严厉地批评下属。

他想通之后，马上打电话给那位下属，诚恳地道歉。恰巧那天下属乔迁新居，松下幸之助便登门祝贺，还亲自为下属搬家具，忙得满头大汗，令下属深受感动。

然而，事情并未就此结束。一年后的这一天，这位下属又收到了松下幸之助的一张明信片，上面留下了一行松下幸之助的亲笔：让我们忘掉这可恶的一天吧，重新迎接新一天的到来。看了松下幸之助亲笔写的字，该下属感动得热泪盈眶。从那以后，他再也没有犯过错，对企业也忠心耿耿。松下幸之助向下属真诚认错成为了整个日本企业界的一段佳话。

许多开明的管理者都坚持认为：上司承认错误是勇敢的、诚实的表现，不但能融洽人际关系、创造平和氛围，而且能提高上司的威望、增强下属的信任。只有那些自尊心特别脆弱的管理者，才不敢在犯了错误以后向下属认错，这种管理者是很难被下属信服的。下属信服的管理者都是敢做敢当、决不推卸责任的。

跟下属合作要做到因人而异

与人合作最棘手的问题之一，就是人与人之间的磨合常常令人身心疲惫。有人甚至深有体会地说：人与人之间的合作在管理中花去的成本始终是最高的。一般来说，员工不外乎有以下四种类型：

一是分析型。这种员工是完美主义者，做事力求正确，但完美倾向也会导致其墨守成规，优柔寡断。分析型的人喜欢独立行事，不愿意与人合作。尽管他们性情孤傲，但患难之中却最见其忠诚。

二是温和型。他们常常喜欢与人共事，淡漠权势，精于鼓励别人拓展思路，善于看到别人的贡献。由于对别人的意见能坦诚以待，他们往往能从被其他团队成员否决的意见中发现价值。温和型的人常常为团队默默耕耘，往往成为团队中无名的幕后英雄。一般说来，温和型的人往往能在一个发展稳定、架构清晰的企业中表现出色。一旦他们的角色界定、方向明确，他们就会坚定不移地履行自己的职责。

三是推动型。他们注重结果，最务实，并常常引以为自豪。他们喜欢确定高远却很实际的目标，然后付诸实施。他们极其独立，喜欢自己制定目标，不愿别人插手。他们善于决断，看重眼前实际，具有随机应变的本事。但有时太好动，往往因仓促行事而走弯路。无论表达意见还是提出要求，推动型的人都很直率。

四是表现型。这种员工好出风头，喜欢惹人注目，是天生的焦点人物。他们活力十足，总喜欢忙个不停。但他们偶尔也会显露某种疲态，这往往是因为失去了别人刺激的结果。表现型的下属容易冲动，常常在工作场所给自己或别人惹出一些麻烦。他们喜欢随机做事，没有制订计划的习惯，不善于进行时间管理。他们善抓大局，喜欢把细节留给别人去做。

对于管理者来说，要针对不同类型的下属采取不同的管理方法。

达成共识，才能共同前进

IBM的创始人沃特森被誉为"企业管理天才"。他相信，只要尊重下属并帮助他们尊重自己，企业就会赚大钱。

沃特森善于发掘下属的潜力，善于调动下属的创造精神与献身精神，可以想方设法去刺激下属为企业出谋划策。为了保护下属的工作热情，增强下属对企业的亲近感与信任感，他广开言路，广泛倾听各种意见。

IBM规定：企业内任何人在感到自己受压制、打击或冤屈时，都可以上告。沃特森亲自接见告状人，对有理者给予支持。他鼓励下属们在工作中不怕失误和风险，为了企业敢于承担似乎不可能完成的任务。他本人则一天工作16个小时，几乎每晚都在这个或那个雇员俱乐部中出席各种集会和庆祝仪式。他作为下属相识已久的挚友，能同下属们谈得津津有味。

对于一个优秀的管理者来说，有了目标之后，就要与群众分享并逐步达成共识。柯达公司进入影印机市场后，把重心放在复杂技术与高级设备上，成本居高不下，几乎没有利润，而且库存问题非常严重。1984年，查克临危受命，担任影印产品事业部总经理。查克希望加强与下属的沟通，为此，他每周和直属部下开会；每月举行"影印产品论坛"，和每个部门的代表下属直接沟通；每周与重要干部及最大的供应商开会，谈论重大的变迁及供应商关心的事情；每个月下属都会收到四到八页的"影印产品通讯"，并向下属提供直接与高层管理人员沟通的机会。

短短六个月以后，企业终于与1500个下属达成共识。企业状况开始出现转机，库存量减少50%，部门生产率平均提高31倍。事实证明，管理者只有走近下属，才能了解下属；只有和下属达成共识，才能和下属同心协力地成就一番事业。

下篇　用这样的员工，企业才放心

第八章 好员工要能做到忠诚

　　要想在企业里立足，忠诚服从是最重要的一点。企业最欣赏的、最受重用的，历来都是那些服从于企业或企业理念、忠于自己本职工作或事业的人。所以，请时刻记住，要想在企业里站稳脚，第一条简单的法则就是学会忠诚服从。

优秀的员工从忠诚开始

　　法国著名的统帅拿破仑说过："不忠诚于统帅的士兵就没有资格当士兵。"美国麦克阿瑟将军也说过这样类似的话："士兵必须忠诚于统帅，这是义务。"这两句话说明了同一个道理：无论是在硝烟弥漫的战场上还是在竞争激烈的企业里，无论是士兵和将军之间还是员工和企业之间，忠诚是一面永不褪色的旗帜，每个团队、每个集体都是靠它来生存和发展的。

　　什么是所谓的优秀员工呢？这一点不同的人心中也许有着不同的界定，而让企业决定雇佣一个员工的因素也各有不同，但是其中却有一点是大家都应明白的、亘古不变的真理——那就是忠诚。无论如何，忠诚都是必不可少的。要知道，没有哪一个企业会允许一个不为企业谋利的员工存在的。

　　一个某名牌大学的博士，他不但才华横溢，而且还兼具法律和工程管理两大热门学科的博士学位，这样一位优秀人才，本应是宠儿，事业更应早就飞黄腾达的。可他非但工作不顺，甚至还登上了多家企业的黑名单，成为了他们永不录用的对象。你肯定要问了，不可能吧？怎么会这样呢？原因其实很简单，就是不忠诚。

毕业后，他很快被一家研究所录用从事技术开发工作。学问与才华集于一身，研究所对他当然很重视了，而他自己也在几个月内就很快研发出了一项重要技术，前途看起来的确是一片光明。但事情并没有朝着预期的方向发展。

研究所不高的待遇很快让他觉得不满，于上他就私自带着那项技术跳槽到一家私企，并取得了这家企业副总的位置。如果一直做下去，前途仍然也还是很不错的，但是因为"忠诚"二字并不存在于他的心中，很快他就又有了新动作。

一年多后，他带着企业的绝顶机密再度跳槽了……他就这样又先后背叛了不下五家企业。很快，当地那些有名的大企业都知道了他的大名与品行，"不忠"成了那些企业对他的一致评价，并纷纷将他列入黑名单中，几乎每一个了解他情况的领导都明确表示绝对不会聘用他。

这个故事告诉我们，不管你有多大的本事或能力，但如果你没有这项最基本的素质——忠诚，那么你也不会受到任何一家企业的重用，相反，你还很可能被企业所嫌弃。

要知道，在现今这个注重能力的社会，有能力的人并不缺乏，相反，那些既有能力又忠诚的人才是企业苦苦寻找的最理想人才。许多企业在招聘员工时，都把忠诚作为最重要的一项评估标准。如果让他们在忠诚和能力两者之间作一个选择时，忠诚永远会优先于能力。一个没有忠诚的人是不可用、也不值得用的，因为一个忠诚的能力平庸的人还可通过培养去提高其能力；但是不忠诚者，且不提有无能力，有能力的话，不但不能给企业带来效益，更多的时候反而可能会带来伤害。

一个人若缺乏了忠诚，其他诸如计划、组织、控制、解决问题等诸多能力，都将失去用武之地。如果我们把计划能力、组织能力等能力的组合比作一个"技能仓库"的话，忠诚就是"技能运输的通道"，仓库中的技能，必须得通过"忠诚"这一运输通道，才能到达企业这个"价值仓库"。

忠诚比能力更强更高，因为有时能力达不到的地方，忠诚却可以让你胜利抵达——这就是忠诚的非凡魅力所在。忠诚是一个人安身立命的根本所在，这话是一点不假的。且不论你的能力如何，你都首先应该学会并记住这两个字——忠诚。

忠诚让员工受益多

忠诚不仅是一个人安身立命的根本，更是一个人的优势和财富。忠诚换回的会是他人对你的信任与忠诚，会让你在工作和生活上得到诸多好处，让你的事业得以更顺利地发展。

一个普通工人家庭的男孩，为了减轻父母的生活负担，中学毕业后，十几岁的他就走上了社会。为了挣钱，他摆过地摊，运过蔬菜，后来被人介绍到一家外资企业做门卫。虽说只是一个小小的门卫，但由于这是他走上社会后的第一份正式工作，所以男孩十分珍惜这个机会，工作上很是认真努力。

企业的老总是一个应酬很多的人，每天回来得都很晚，以前他回来时面对的总是一扇紧闭的大门，喇叭响过多次，门卫才睡眼惺忪地前来开门。

在这男孩上班的第一天，老总又是很晚才回来，但是一看领导的汽车来了，还未等他按喇叭，男孩就已经走出了门卫室，打开了大门，并招呼老总进来。可别以为男孩只是因为刚上班才故意如此表现的，事实上，在后来的日子里，男孩一直如此，没一天例外，不管工作是怎样的简单而乏味，他只是尽自己的一份职责，忠诚地完成自己的工作。

后来，老总感动于男孩的忠诚和敬业，让男孩做了他的私人司机。职位变动后的男孩更加忠诚尽职了，老总也就越发器重他了，有什么事总是放心地交给男孩去办，而男孩也总是不负所托。

后来，在一次被追尾翻车的事故中，男孩抢救出老总，并设法把老总送到医院，救了老总一命。事后老总为了感谢男孩，把企业五分之一的股份送给了男孩。

再后来，老总要出国，在临走前，老总建议男孩把股份变现去开创自己的事业。于是男孩听从他的建议，用这些钱开了一家酒店，在他以诚为本的经营前提下，生意做得很是红火，并越做越大。到三十多岁时，他已经有了四家规模不小的酒店和宾馆。

一个没有什么背景的年轻人，仅经过十来年的时间就积累起千万元的资产，这里边除了个人能力的因素外，如果没有外力的帮助也是很难取得成功的。可是外力的帮助又是如何而来的呢？

其实原因很清楚、很简单，也正如男孩自己所说："是忠诚给我带来了运气，带来了贵人的帮助，我才能很快地走上成功之路。"所以说，是忠诚让一个人的成功多了一分机会。

忠诚，让我们更快赢得企业的信任与重用，让我们的才华更快地得以发挥；忠诚还给我们自己带来良好的声誉，让我们成为一个值得信赖、值得被委以重任的人。

当你因为忠诚、主动对企业负责，并加倍付出时，企业也因之对你承担起了一份义务，也会更加忠诚地对待你，这时你就多了一份成功的机会。正如一位成功者所说："自身价值的创造和实现依赖于忠诚。"

忠诚是一种职业的责任感，是你承担某一责任或者从事某一职业所表现出的敬业精神。但是现在不少的人，尤其是一些新人，工作时想到更多的只是如何让自己获得更大的收获、更快的成长。敬业在他们看来只是企业监督下属的一种手段，是管理者愚弄他们这些下属的工具，他们认为从忠诚和敬业中受益的只是企业。事实真是这样吗？当然不是了。忠诚确实是会让企业受益不少，但是却绝不仅仅有利于企业，你自己是最大的受益者。要知道信赖来自于忠诚，而成功很多时候更是源自于信赖。

养成对事业高度的责任感和忠诚，会让你在逆境中勇气倍增，面对引诱不为所动；让你利用有限的资源发挥出无限的价值，争取到成功的砝码。

忠诚要用实际行动来践行

忠诚不是张口就来，只是嘴上说说的空话，是需要经受考验的。你忠于企业吗？如何能证明你是忠诚的呢？

要想体现你的忠诚，那就需要你用实际的行动来表明和展示，那么具体该如何来做呢？下面这几点就是要告诉你如何在工作更好地展现出你的忠诚，让企业认识到你的忠诚，意识到你是一个绝对可信任、可大胆使用的忠诚之人。

1.树立"一切为企业利益着想"的思想

在工作中，要时刻把企业的利益摆在第一位。要知道，你是企业中的一员，企业发展了，你才能更好地发展；相反，若企业垮了，你也不可能得到什么好处。

有两个刚走出校门的年轻人出外闯荡，没有高学历的他们一直找不到合适的工作，只在一家工地找到一份临时工作：捡钉子。

几天工作下来，其中一个年轻心中默默地给工头算了一笔账，发现工头这样雇佣他们两个人根本就是赔钱的，于是他不顾同伴的反对找到工头向他反映了这一事实。

没想到，工头却是故意为之。他当然知道雇佣是赔本的买卖，只是他真正需要的是一个为他着想的施工员，为了确定是否真正是自己需要的人才，他才给了两人一个考验。

最后的结果可想而知了，向工头反映事实的年轻人被留下来做起了施工员，另一个则只能再去重新找工作了。当你真正为企业着想时，企业才会为你着想，你也才能得到你想要的利益；如果你只考虑自己的利益而一点不考虑企业的利益，那么你的处境也就可想而知了。

树立一切为企业着想的思想，把企业利益放在大于个人利益的位置，需要时宁可牺牲自己的利益也要保全企业的利益；面对一些不正当的诱惑，要敢于说"不"，这样你才会得到企业的信任，也才能够让企业对你委以重任。

2.工作中多一些稳定性，不要随意跳槽

在初到一个工作岗位时，企业对你的能力各方面还认识不够，仍处于观察期，这个时候可能你并不会很快受到重用。面对这种情况时，一些人就认为企业不识人，自己是有才不能伸，进而很快生出离去之意，跳槽而走。其实在这种情况下，受损失的只能是你自己，要知道任何一个企业都不可能在尚不了解你时就给予你重任的。

一个工商管理专业的硕士应聘到某大企业做部门经理，企业给了他一段考察期，他同意了。没想到的是，他却首先被安排到了基层商店去站柜台，做销售代表的工作，而且一做就是几个月。一开始他觉得自己这完全是大材小用，心中很是不满，只是不想这么快离去给人留下自己没有一点耐性的坏印象。

没想到，三个月坚持下来后，企业很快派他全面承担起了部门的所有职责。在这期间，他才发现那三个月的最基层工作经验，给他在团队工作中带来了多么大的好处，很快他就带领团队取得了良好的业绩。半年后，部门经理调走了，他得以提升；一年以后，他就被提升为总经理。

在谈起往事时，他颇有感慨地说："当时忍辱负重地工作，心中有很多怨言。但是我知道企业是在考验我的忠诚度，于是坚持了下来，最终赢得了企业的信任。"

3.熟悉业务，努力把本职工作做到最好

熟悉自己的工作业务，努力把工作做好，这是对身为一名员工的最起码要求，同时也是表现自己对企业忠诚的最佳方式。

如果你对自己的工作不够了解，业务不够熟练，工作无从开展，这样你的存在有何必要呢？业精于勤，无论从事什么行业，都应谨记这个道理。精通所在行业的方方面面，你会比别人更出色。了解工作中的每一个

细节内容，并努力将它做到最好，在你赢得良好声誉的同时，也为将来的大展宏图播下了希望的种子。

4.尽力为企业的发展出谋划策

做好本职工作外，表现出对企业的发展的高度重视，这样的忠诚度会让你达到超出想象的高度。在那些企业想不到、听不到、做不到的地方，你想到了、听到了，然后告诉他，并为他做到了，那么你在他心中的忠诚度当然也就达到了无与伦比的地步了。

最后仍要强调，工作必须竭尽全力，才有可能在工作中节节攀升。一个人只要在工作中找到乐趣，就能忘记所有辛劳，并视之为身心的愉悦，长此以往，也就找到了开启成功之门的钥匙。优秀的员工只要保持忠于职守、善始善终的工作态度，即使从事的是最低微的工作，也能放射出无限的光芒，从而最终受到企业的重用。

要服从决定

"恭敬不如从命"这一中国古老的至理名言，告诫我们：在工作中，服从上级是一个非常重要的法则。下级服从上级是开展工作、保持正常工作关系的前提，是融洽相处的一种默契，也是上级考核下级的一个标准，更是下级得到重用的一个不可或缺的要素。

服从，这是美国西点军校对学员的训诫和要求。服从，在西点人的观念中是一种美德。每一位员工都必须服从企业的安排，就如同每一个军人都必须服从首长的指挥一样，服从是行动的第一步。

企业一方面要强调发挥员工的创造力和主观能动性，但是，这并不违反服从的原则。从根本上说，上级就是上级，下属就是下属，在具体的工作上每个人都要有意识地服从上级。如果在一个企业里，每个下属都不按照上级的命令行事，各做各的，那整个企业就成了一盘散沙。所以，即使下属有什么不同意见，可以在上级没有做决定前，给出提议。一旦上级决定了，任何下属都要服从决定。

一个团队，如果下属不能无条件地服从管理者的命令，那么在达成共同目标时，则可能产生障碍；反之，则能发挥出超强的执行能力，使团队取得惊人的成果。因为你是下属，处在服从者的位置上，就要遵照管理者的指示做事。服从的人必须暂时放弃个人的独立自主，全心全意去遵循企业的价值观念。一个人在学习服从的过程中，对本企业的价值观念、运作方式，才会有更透彻的了解。

一个高效的团队必须有良好的服从观念，一个优秀的下属也必须有服从意识。因为管理者的地位、责任使他有权发号施令；同时整个企业的权威、整体的利益，不允许员工抗命而行。

可见，不找借口地服从并执行企业的决定，这才是企业所期望的好员工。所以，要想在企业中获得更好的发展，就要学会服从。懂得服从，才能在企业中找到更多的发展机遇。

坚持好服从第一的要诀

在一些企业里，经常有一些纪律观念淡薄、服从意识差的人。他们是管理者最感头疼的"刺儿头"。这些人或是身无所长，进取心不强，对管理者的吩咐命令满不在乎；或是自以为怀才不遇，恃才傲物，无视管理者。无论事出何因，他们一律都是在管理者面前昂着高贵的头，家事、国事、天下事都可在他大脑中"存档"，唯有管理者的命令不在此列。比如一天中午，上司问："小蒋，我让你复印的资料怎么样了？"小蒋三分惊讶七分漫不经心地反问："复印什么资料？"当着其他下属的面，这位上司很丢面子，气呼呼地训斥道："你怎么对我说过的话这样不放在心上！"照常理而论，蒋应立刻道歉，找一个台阶给上司下，待上司稍有息怒，迅速去把资料复印来交给他。这样，上司再火大也会阴转晴，顶多再训他两句后还是面带笑容，体谅年轻人事情多，上司一般会谅解他们的疏漏的。但小蒋却既没有道歉，也没立即去复印，而是屁股一扭，逃之夭夭。

这些"刺儿头"表面看来超凡脱俗、潇洒自在，实则是自己有意识地与管理者画出了一条鸿沟，不利于自己的事业，也不利于企业内的团结和相处。因此，"刺"万万不可长，进取之心万万不可消。你不是才高八斗吗？敬请谨记：谦受益，满招损。有些人在某一方面定会有管理者所远远不及的才气，但只有与管理者融洽相处，小心服从，大胆探索，才会让管理者充分领略你的才华，为你提供发挥的机会，才能不断晋升，以才高德厚得到器重。你越是自视怀才不遇，感叹世无伯乐，越是阻断了展现自己才能的道路和机会，你不跑一步之遥，即使伯乐常在，又怎能发现你这匹千里马呢？对于才气不佳者，更应有李白"天生我材必有用"的自信和洒脱，应有活到老学到老的毅力和韧劲，而不应甘于沉沦，成为管理者眼中又臭又硬的绊脚石。

许多有工作经验的人都有这样一种深刻体会：服从一次容易，事事服从却很难。工作时间长的人几乎都曾有过刁难管理者、违背管理者命令的经历，虽然在平时他们大多数都能很好地与管理者相处。

人的一生，总是在满与不满、愿与不愿的无休止交织中消磨、延续。满座笑语，独一人向隅而泣的滋味，几乎每人都品尝过。身临此境，也许你的忍耐力更有效。你可以巧妙地表示自己的不满，但绝不可抗拒。这时，胸怀宽阔，坚持服从第一的原则是聪明之举。这样做，使管理者心里雪亮，你在情感上掩藏着极大的不满，但却理智地执行了他的决定。对你的气度和胸怀，他也不得不佩服甚至敬重之情油然而生。你暂时的忍耐，铸就了来日更灿烂的辉煌。否则，顶顶撞撞，使自己与管理者的关系在某个特定时段陷入紧张状态，进入不愉快的氛围之中，缓和、改善这种僵局所付出的代价可能比你当初忍辱负重的服从还要大出几倍或几十倍。"早知今日，何必当初"的感叹为时晚矣！须知，没有哪一个人会永远顺利，暂时忍耐，巧妙服从，也是一种人生策略。

服从也有善于服从、善于表现的问题。细心的人可能都会发现这样一个事实：在企业里，同样都是服从管理者、尊重管理者，但每个人在管理者心目中的位置却大不相同，关键在于能否掌握服从的艺术。有的人肯动脑子，会表现，主动出击，经常能圆满地执行任务，并且收获很大。相反，有的人却仅仅把上司的安排当成应付公事，被动应付，不重视信息的反馈，甚至"斩而不奏"，甘当无名英雄，结果往往是事倍功半。

服从第一应该大力提倡，善于服从、巧于服从更不应忽视。因为，在丰收的田野上，农夫有理由让人记住他挥洒的汗水和不辍的辛劳。这不是虚荣，这是一种人生应有的职责。

服从也要讲究策略

当然，在工作中，服从也要讲究策略，这样才有可能让你事半功倍。接下来我们不妨谈一谈这些要掌握的要领。

1. 既要会说也要会做

在实际工作中，你既要具有实干家的精神，同时又要具备一定的表达能力，光说不做或者光做不说都不会得到欣赏与信任。力求在工作中既能说又会做，这才是你成功获取信赖的第一要领，也是你在工作中必备的能力。

不表达自己思想的人，只能得到一个"老实人"的名声，而这对于他的发展没有多大的意义。对这样的"老实人"上司一般是不会轻易信赖的，更不用说得到上司的赏识和重用了。与前一种类型截然相反的人就是那种只说不做的人，他们往往只是"君子动口不动手"，"说"成为他们最主要的工作方式。当然，若一个人经常大言不惭，说要做这做那，但一旦具体要他去做某件事时却迟疑不前，典型的"光说不练"，也是不会令上司信赖的。

2.勤于向上司汇报工作

许多人都听到过上司的批评和抱怨，而这些批评和抱怨中有一大部分来自于上司对自己的不信任，这种情况的存在将十分不利于上下级关系的处理，也不利于工作的顺利开展。

上司也许会当面或背后抱怨自己的下属，"这个人，让人实在没法说"，"那个人，真叫人伤脑筋"，或者说"你怎么总是这样呢？"等等。如果上司用这样的话来批评或抱怨自己的下属，他说这些话的原因，在很多情况下都不是指下属的工作能力不强，也不是说下属的工作业绩不好。相反，下属的工作能力很强，工作业绩也很突出。但下属在其他方面，特别是在一些细节问题上却使上司感到不安，结果失去了上司的信任。这种情况在现实中并不少见。

这种能力很强的下属为何会失去上司对他的信任呢？出现这种情况的原因在于：这种类型的下属因工作驾轻就熟，而往往忽略了上司的存在，其中最重要的就是没有及时向上司汇报工作。

其实，勤于向上司汇报工作是一件非常容易做到的事。只要你在完成任务时，经常向上司汇报自己的工作进程或遇到的情况，上司就不会因此而对你产生过多的怀疑，也不会认为你不尊重他了。

下属勤于向上司汇报工作既可以减少上司对自己的猜疑之心，令上司对自己产生信赖的感觉；同时还可以加强彼此间的沟通，令同事关系更加亲近、融洽。

服从也是一件受益的事情，除非有特殊的情况，否则对上司反抗、顶嘴，都是下属的败笔，这是螳臂当车，自不量力。因此，要多注意上司的好处与长处，使自己心服于他。白日梦还是少做，看得实际一点吧。凡事只要退一步想，就海阔天空。

第九章 好员工要能做到敬业用心

　　要使自己敬业，就必须把工作当成自己的事业，倾情于自己的工作，要具备一定的使命感和道德感。要从小处着眼，认真负责，一丝不苟，并且有始有终。要专心致志、满怀热情地投入工作，要争取比别人干得更多。

好员工的共同点是敬业用心

所谓敬业精神，就是要敬重你的工作。为何要如此，因为我们把工作当成自己的事业，要具备一定的使命感和道德感。不管从哪个层次来讲，敬业所表现出来的就是认真负责，一丝不苟，并且有始有终。

很多年轻人初入社会时都有这样的感觉：自己做事都是为了企业，为他人挣钱。其实，这也并无什么关系，你出钱我出力，情理之中的事。再说，要是企业不赚钱，你怎么可能在这家企业好好待下去呢？但有些人认为，反正为人家干活，能混就混，企业亏了也不用我去承担，他们甚至还扯企业的后腿，背地里做些不良之事。稍加仔细地想想，这样做对你自己并没有什么好处。敬业，表面上看是为了企业，其实是为了自己，因为敬业的人能从工作中学到比别人更多的经验，而这些经验便是我们向上发展的踏脚石，就算我们以后换了地方、从事不同的行业，我们的敬业精神也必会为我们带来帮助。因此，把敬业变成习惯的人，从事任何行业都容易成功。

有句古老的谚语：我们都是习惯的产物。这种说法是千真万确的，因为所有的人都是遵从某种习惯来生活的。

比如：当我们早晨醒来之后，我们所做的第一件事就是刷牙。大多数人都有这种习惯，而且这是很好的习惯，它使我们的呼吸芬芳可人，牙齿更健康，嘴巴也更清爽。

如果我们的习惯是好的、有益健康的，那我们一定是很愉快的人，一定有益于发挥我们的强项。如果我们的习惯并不好，那我们应该尽一切力量来改变，如此才能克服我们的弱点，把弱点变成生存的一种优势。

对很多人来说，习惯是个消极的名词。在这个重视物质、忽视道德与精神的时代里，我们所听到的都是喝酒的习惯、抽烟的习惯以及滥服药物的习惯。

但是习惯也有好的，甚至还能鼓舞人心。一个人由弱而强的过程就是克服坏习惯，摆脱坏习惯，养成好习惯的过程。

习惯同时也控制着我们的生活。举个最简单的例子，在每个早晨醒来之后，我们总习惯刷牙、盥洗、换上干净的衣服、扣好扣子、吃顿早餐。如果我们未养成这些良好的习惯，那么将不被邻居、同事及亲朋好友所接受。

如果没有习惯，我们的日常活动就会缓慢下来，形成一种散漫的生活方式。即使是简单的生活功能，也会和自己发生冲突。我们需要一整天24小时的时间才能完成白天的工作，将没有时间睡觉。养成敬业的习惯之后，或许不能立即为我们带来战胜弱点的好处，但可以肯定的是，如果我们养成了一种不敬业的不良习惯，我们的成就会相当有限，我们的那种散漫、马虎、不负责任的做事态度已深入于我们的潜意识，做任何事都会随便，结果不问也可知了。如果到了中年还是如此，很容易就此蹉跎一生，还说什么由弱而强，改变一生呢？

所以，敬业短期来看是为了企业，长期来看是为了我们自己！此外，敬业的人才有可能由弱而强，并且敬业还有其他好处：

1. 容易受人尊重。就算工作绩效不怎么突出，别人也不会去挑你的毛病，甚至还会受到你的影响。

2.易于受到提拔。企业喜欢敬业的人，你如此敬业，企业求之不得。

一般来讲，如果一个人想由弱而强，在一个地方做不好工作，也很难在别的地方做好工作。当然，有的人会想，现在找工作也并不只有一条路，此处不留人，自有留人处，不如过一天算一天，这样的人注定不能由弱而强，只能是强者的临时工。而要使自己成为不败的强者，只有良好的敬业习惯能够拯救我们。

倾注足够的热情到工作中来

要养成敬业的习惯，首先要做到倾情于自己的工作。

懒惰与成功是永远不可能相交的，要想在某一领域获得一定的成就，倾情于自己的工作是最基本的一个因素。

有人说，工作着的人永远是年轻快乐的，其实这句话不甚确切，应该说倾情于自己工作的人永远年轻快乐。对工作充满热情正是获得生命价值的所在。有个美国记者到墨西哥的一个部落采访，这天是个集市日，当地人都拿着自己的物产到集市上交易。这位美国记者看见一个老太太在卖柠檬，5美分一个。老太太的生意显然不太好，一上午也没卖出去几个柠檬。这位记者动了恻隐之心，打算把老太太的柠檬全部买下来，以便使她能"高高兴兴地早些回家"。当他把自己的想法告诉老太太的时候，老太太的话却使他大吃一惊："都卖给你？那我下午卖什么？"

倾情于自己的工作并不在于工作本身的贵贱。做同一件事，有人觉得有意义，有人觉得没意义，其中有天壤之别。做不感兴趣的事所感觉的痛苦，仿佛置身在地狱中。觉得工作非常愉快的人并不多，每个人对工作的好恶不同，假使能把工作趣味化、艺术化、兴趣化，就可以把工作轻松愉快地做好。人生并不长，因此最好尽量选择适合你兴趣的工作。工作合乎你的兴趣，你就不会觉得辛苦。

那些取得了卓越成就的人，无一不是对自己所选择的工作倾注了100%的热情。爱迪生曾说："在我的一生中，从未感觉在工作，一切都是对我的安慰……"大仲马这位享誉全世界的作家，他活了68岁，到晚年自称毕生著书1200部。他白天同他作品中的主人公生活在一起，晚上则与一些朋友交往、聊天。有人问他："你苦写了一天，第二天怎么仍有精神呢？"他回答说："我根本没有苦写过。""那是怎么回事呢？""我不知道，你去问一棵梅树是怎样结梅子的吧！"看来大仲马是把写作当成了乐趣，当成了生活的全部。

能否为自己的工作倾注足够的热情，是很多管理者评价下属的标准，所以千万不要和朋友这样谈论管理者和企业："我要应付那些我不愿做的事。为什么一定要给那个讨厌的上司干活。上司一点也不了解我，信任我。"这样你给别人留下消极、爱发牢骚的印象，同时也会使你自己丧失上进的动力和兴趣，阻碍你的发展。带有厌世情绪的人很难取得成功。他们不喜欢他们的工作和他们生活的世界，怀疑他们周围的人都是不诚实的、愚笨的。他们眼中的一切似乎都是灰色的，而且他们还用自己对生活的绝望态度和无所寄托的颓丧情绪影响着周围的人。

有一位工作能力很强的女员工，每天都将工作干得很不错，但是她有个毛病，就是无论走到哪里不是抱怨空调太冷就是太热。她常常贬损上司，埋怨工作。她对同事们说，工作是浪费时间。在两年内她已经失去过五次工作，而仍未从任何她曾为其工作过的人那儿获得有益的经验。牢骚太盛很易消磨一个人的工作热情，而没有热情，任何伟大的业绩都不可能成功。

不管是什么样的事业，要想获得成功，首先需要的就是工作热情。这对推销员来说更是如此。因为推销员整日、整月，甚至整年地到处奔波，辛苦地推销商品，其所遭遇的失败不用说了，就是推销工作所耗费的精力和体力，也不是一般人所能吃得消的，再加上通常接二连三失败的打击，可想而知，推销员是多么需要热情和活力。可以说，没有诚挚的热情和蓬勃的朝气，推销员将一事无成。所以，推销员不仅要锻炼健康的体魄，更重要的是具有诚挚热情的性格。热情就是决定推销工作能否取得成功的首要条件，只有诚挚的热情才能融化客户的冷漠拒绝，使推销员"克敌致胜"。由此可见，热情确是推销员成功的一种天赋神力。

热情还是我们最重要的财富之一。不管我们是三岁或三十岁，六岁或六十岁，九岁还是九十岁，热情使我们青春永驻。任何年龄的人只要具有自我完善的强烈愿望，都可以找到永葆青春的源泉。不管你是否意识到，每个人都具备着火热的激情，只是这种热情深埋在人们的心灵之中，等待着被开发利用。你要找到自己的热情，正如信心和机遇那样。热情全靠自己创造，而不要等他人来燃起你的热情火焰，因为："没有自身的努力，任何人都无法使你满腔热情；没有自身的努力，任何人都无法使你渴望去达到目标。"

热情应该是一种能转变为行动的思想、一种动能，它像螺旋桨一样驱使你达到成功的彼岸，但首先你得有一个决心要达到的目标。热情能够使你对自己充满信心，能望见遥远之巅的美好景色。你能集中自己的全部精力，斗志昂扬；你也能够自律自制；你运用自己的想象力，修身养性，不断完善；热情还能使你在悔过时能迅速回到现实中来，助你取得最终的成功。在热情的世界里是找不到迷惑、失望、惧怕、颓废、担忧和猜疑的，这些使你未老先衰的消极情绪早已被火热的激情冲走。所以，热情为你终生带来年轻和成功。

全身心地投入到工作中

养成敬业的习惯还要求你全心全意投入到你的工作中，干得比别人更多。

现在一个人十年换六次工作都很常见。但1966年的华尔街完全不像现在这样。那时的人并不跳来跳去，人们常常把自己的一生和某个企业联系在一起。

从布隆伯格被所罗门公司录用的那一刻起，他就认为自己是一个"所罗门人"了。许多大企业贪求与众不同的门第、风格、语音和常春藤联校的教育背景，而所罗门更看重业绩，鼓励实干，容忍异议，对博士生和中学辍学生一视同仁，布隆伯格感到很适应，他觉得那正是适合他的地方。

那时的职员都接受雇主的保护，这是因为，在那时的华尔街，重要的是组织而不是个人。

当时的布隆伯格认为：如果你能进入一个投资银行企业——对不是创始家族继承人的员工来说，可不是一件容易事，你会把它看成是终生的职业。你会一直干下去，最终成为一名合伙人，然后在年纪很大时死在一次商务会议当中。

布隆伯格说："我永远热爱我的工作并投入大量时间，这有助于我的成功。我真的为那些不喜欢自己工作的人感到惋惜。他们在工作中挣扎，这么不快活，最终业绩很少，这样他们就更憎恶他们的职业。在这短短的一生中有太多令人愉快的事情去做，平日不喜欢早起就干不过来。"

布隆伯格每天早上到班，除了上司比利·所罗门，布隆伯格比其他人都早。当比利要借个火儿或是谈体育比赛，因为只有布隆伯格在交易室，所以比利就跟他聊。

布隆伯格26岁时成了高级合伙人的好朋友。除了高级主管约翰·古弗兰德，布隆伯格常是最晚下班的。如果约翰需要有人给大客户们打个工作电话，或是听他抱怨那些已经回家的人，只有布隆伯格在他身边。布隆伯格可以不花钱搭他的车回家，他可是企业里的二号人物。

布隆伯格认识到："使我自己无所不在并不是个苦差事——我喜欢这么做。当然了，跟那些掌权的人保持一种亲密的工作关系也不大可能有损我的事业。我从来不理解为什么其他人不这么做——使企业离不开他。"

他在研究生院第一年和第二年之间的那个夏天为马萨诸塞州剑桥镇哈佛广场的一个小房地产企业工作，他就是早来晚走的。学生们到城里来就是为了找一个9月份可以搬进去的地方。他们总是火急火燎的，想尽快回去度假。

布隆伯格早晨 6 点30分去上班。到 7 点30分或 8 点的时候，所有可能来剑桥租房的人已经给企业打电话，跟接电话的人定好看房时间了。他当然就是唯一一个来这么早接电话的人，那些给这个企业干活的成年"专职"们（他只是"暑期打工仔"）在 9 点30分才开始工作。于是，每天当一个接一个的人进办公室找布隆伯格先生时，他们坐在那里感到很奇怪。

伍迪·艾伦曾说过：80%的生活是仅仅在露面而已。布隆伯格非常赞赏这句话。他说："你永远不可能完全控制你身在何处。你不能选择开始事业时的优势，你当然更不能选择你的基因智力水平。但是你却能控制自己工作的勤奋程度，我相信某地有某人可以不努力工作就聪明地取得成功并维持下去，但我从未遇见过他。你做得越多，你做得就越好，就是那么简单。我总是比其他人做得多。"

当然，布隆伯格并没有因为工作影响了自己的生活。他说："我不记得曾因工作太紧张或我太专注工作而耽误了晚上或周末的娱乐。我跟所有女孩们的约会、我去滑雪、跑步和参加聚会比别人都多。我只是保证12个小时投入工作，12个小时去娱乐——每天如此。你努力得越多，你就拥有越多的生活。"

无论你的想法是什么，你必须为实现它干得比其他人更多——如果你把工作当成一种乐趣，那它就是一件比较容易的事。奖赏几乎都是给那些比别人干得多的人的。你投入时间并不能保证你就会成功，但如果你不投入，结果可想而知。

认真地对待每一件事

好的事业是建立在忠实履行日常工作、用心做好每一件事的基础上的。只有尽职尽责、用心做好目前的工作，才能使你获得价值的提升。所以，从一开始工作，就要谨记"每件事情都用心做"这个工作原则，这样才能为你的事业发展创造有利的条件。

用心去做每件事，做每件事情都要用心，这是要求员工应该具有的职业道德。用心做与用手做不一样，只有用心做才能获得好的质量和效果，也才能不辜负客户和企业。

"用心去做"是一种严谨的工作态度，或者说，是一个最起码的职业道德，也是员工最基本的要求。你可以能力低于别人，但如果你连用心工作都做不到，那你真的就已经面临很大的危险了。

所谓"用心"工作，就是凡事要认真。认真工作的态度，会为一个人既定的事业目标积累雄厚的实力，同时还会给企业带来最大化的实际利益。因此，在每一家企业里，认真"用心"做事的员工都颇受青睐。

只要是职业人，都会渴望自己得到提升、得到加薪，而职位的晋升是建立在忠实履行日常工作、用心做好每一件事的基础上的。只有尽职尽责、用心做好目前的工作，才能使你获得价值的提升。所以，从一开始工作，就要谨记"每件事情都用心做"这个职场原则，这才能为你的事业发展创造有利的条件。

许多人烦恼于工作的平凡、枯燥，但你要知道，没有什么工作是永远充满刺激和乐趣的，关键在于你对待工作的态度，一样平凡、枯燥的工作，不一样的人、不一样的态度，其工作的感受是有着很大的区别的。

三个工人正在砌墙，有人问他们："你们在做什么呢？"第一个工人没好气地嘀咕："你没看见吗，我正在砌墙啊。"第二个工人有气无力地说："嗨，我正在做一项每小时9美元的工作呢。"第三个工人哼着小调，欢快地说："你问我啊？朋友，我不妨坦白告诉你，我正在建造这世界上最伟大的教堂！"

也许你可能不喜欢你目前的工作，甚至你对它感到了厌烦。但你必须明白：这并不是企业的错，需要改变的是你自己，你要学着去爱你眼下的工作！你只有爱你的工作，你才会用心去做。这是最起码的职业道德、职业素养。如果你连这些琐碎、具体的事情都做不好，你又怎么可能去做轰轰烈烈的大事呢？世界上没有卑微的工作，只有卑微的工作态度，只要全力以赴地去做，再平凡的工作也会变成最出色的工作。

每件事力求做到最好

海尔集团总裁张瑞敏有一句名言："把每一件简单的事做好就是不简单，把每一件平凡的事做好就是不平凡。"

你觉得工作琐碎、简单，提不起兴趣，也毫无创造性可言。可是，就是在这极其平凡的职业中、极其低微的位置上，往往蕴藏着巨大的机会。只有把工作做得比别人更完美、更迅速、更正确、更专注，调动自己全部的智力从旧事物中找出新方法来，才能引起别人的注意，使自己有发挥本领的机会，满足心中的愿望。这一切，都需要你用心去做，才能达到自己想要的效果，任何的敷衍可能欺骗得了别人一时，但永远也无法欺骗自己的心和前途。

在做完一项工作后，你应该这样告诉自己："我愿意做那份工作，而且我已经竭尽所能、用心来做了，我更愿意听取别人对我的批评。"

世界上没有卑微的工作，只有卑微的工作态度，只要全力以赴地去做，再平凡的工作也会变成出色的工作，正如希尔顿所言："世界上没有卑微的职业，只有卑微的人。"所以，你要考虑的不是工作是什么，而是自己应该以什么样的态度来对待自己的工作。每个人都应当把自己看成是一个艺术家，而不是一个工匠，应该用心、用创作的态度去对待每一项工作！

做好每一件小事

物以类聚，人以群分。你应该认真地审视自己属于哪一种人。有一种人，面对重大的任务他总是能主动要求和承担更多的责任。即使任务再艰巨，他也是义无反顾地往前看。这样能够为企业分忧解难的下属，企业怎么会不喜欢呢？只有在危难的时候才能真正体现出人才的价值。

然而，在大多数情况下，即使你没有被正式告知要对某事负责，也应该努力做好它。只做好手边工作的人，做得最好也就是可以勉强度日，也不会有什么别的成绩，容易满足的人是不可能有什么大的作为的。如果你能主动表现出胜任某种工作，那么责任和报酬就会接踵而至，同样地，信任和钟爱也会随之而来的。

但是我们也明白，有两种人永远无法超越别人：一种人是只去做别人交代的事，每天只要做好手边必须要处理的事就可以好好享受了，既没有大的付出也没有大的收获，每天浑浑噩噩地度日，日子过得如同嚼蜡，毫无味道，久而久之对生活和工作失去热情和希望，只是盼每天多多有应酬，了无生趣。另外一种人是即使是上司交代了任务他也做不好。总之，每当企业裁员的时候他们就会成为第一人选，或在同一个单调的工作岗位上耗尽终生的精力。用这两种方式做事或许可以自在一时，但却永无成功之日。

当告诉他去做某一件事的时候，他就会自觉地去做，这也是一类人。这种人平时默默无闻，既没有过分的要求也没有过高的奢望，只要完成自己的工作就万事大吉了。这些人是属于被动完成任务的，那么完成的质量就可想而知了。这样他们所得到的报酬与他们所完成的工作并不成正比。

另外一种人，这种人只有当他们被告知过两次后才去做事情，他们能得到荣誉和信任吗？答案当然是否定的。

然而，还有一类人更是糟糕。即使由别人做好计划，定好规则，分配好任务，但是这类人还是不为之所动，他们的思维逻辑就是即使别人领先于他们，走到他们面前并且向他们进行示范，甚至停下来督促他们去做，他们也仍然不会认真地做事。他们总是失业，得到的也只是他们应得的藐视。

我们必须认真地审视自己，包括我们的工作动机、工作态度、工作热情、工作能力和工作质量，想想清楚我们属于以上哪一种人。态度决定着一切，当然也包括我们的前途甚至是这一生的人生旅途。

那么，我们应该怎样去做呢？

第一，对待自己分内的工作要刻苦勤奋。我们要明白的是，每当遇到困难的时候，可以找知心朋友倾诉自己的苦恼，但实际上这是解决不了任何问题的。

无论什么事情都主要靠自己的力量来解决。所以平时的勤奋与刻苦就是在危难时刻帮助你渡过难关的最得力的助手。一些年轻人刚开始工作的时候，总是对自己有过高的期望，认为自己一开始工作就应该得到重用，就应该得到相当丰厚的报酬。他们在工资上互相攀比，似乎工资成了他们衡量一切的标准。但事实上，刚踏入社会的年轻人缺乏工作经验，是无法委以重任的。在他们看来，我为企业干活，企业付给我一份报酬，等价交换，仅此而已。他们看不到工资以外的东西，因此没有了信心，没有了热情，工作中总是采取一种应付的态度，他们只想对得起自己挣的工资，从未想过对得起自己的前途，对得起家人和朋友的期待。

之所以出现这种情况，表面原因在于对薪水缺乏更深入的认识和理解，其根本的原因是还不能真正地懂得为下之道。世界上是不存在无源之水的，没有牢固根基的树不可能茁壮成长。不懂得该怎样为企业工作，那么也就说明你以后也不会真正懂得如何当企业的管理者。不要为薪水而工作，因为薪水只是工作的一种报偿方式，一个人如果只为薪水而工作，没有更高尚的目标，并不是一种好的人生选择。

事业成功人士的经验向我们揭示了这样的一个真理：只有经历艰难困苦，才能获得世界上最大的幸福，取得最大的成就；不经历风雨如何能看见彩虹，不经一番寒彻骨，哪得梅花扑鼻香呢？这个道理知道的人应该是很多的，但是能够真正懂得的人，确实寥寥无几。大家都想在最短的时间内取得成功，但成功也是一个从量变到质变的过程，只有经过艰苦的奋斗，才能取得成功。

工作所能给予你的，要比你为它付出的更多。每一项工作中都包含着许多个人成长的机会，如果你将工作视为一种积极的学习经验，那么你所能得到的机会和经验会远远超过你的报酬所得。难道你不觉得你的能力比金钱重要得不止百倍、千倍吗？因为能力永远不会遗失，永远是我们的财富。

如果我们研究那些成功人士，就会发现，他们的事业之所以能成功，有一种东西永远伴随着他们，那就是能力，是能力帮助他们达到了事业的顶峰，让他们可以俯瞰人生。

如果你不是一心只是为薪水而工作，那么薪水也许会以出乎你意料的速度增长。自古以来无心插柳柳成荫的事不在少数。我们要相信大多数企业都是明智的，都希望吸引更多有才干的员工，并根据他们的才干给予合适的薪资。但是聪明的企业管理者在鼓励员工时并不会说"好好干，我会给你加薪"，而是说"好好干吧，会有出息的"，或者是"好好干，会有更重要的工作等着你"。随重担而来的自然是薪水的提高。

现在的放弃是为了未来的获得，不要看不起自己的工作，哪怕是一些人认为的最不起眼的工作。这个社会上的工作是没有什么富贵低贱之分的，大家之所以从事的工作不同是因为我们的分工不同。只有正确对待这个问题，我们的工作态度才能端正，才能正确对待自己。我们要将工作当成人生的乐趣，人一旦没有工作可以做，整天无所事事，虚度光阴，意志会在整日闲散中消失殆尽。让我们勤奋地工作吧，因为机会来自于苦干。

第二，对待事业要敬业。职业就是我们的使命，人来到这个世界上不仅是为了安逸享乐，更重要的是人存在的意义和价值，只有通过工作才能真正体现我们存在的价值。

没有职业的人，经济上就无法独立，每日的吃喝住用当然也只能依靠别人了，这样的人和寄生虫有什么区别呢？当然生存着也就没有什么意义了。

但是如果你有了职业，情况就大不一样了。每天精力充沛地去上班，总是有所期待的。每当完成一项工作就会有无比的成就感，对生活的理解就会更加深刻了。因此，你要是有了职业就要敬业，敬业表面上看起来是有益于企业的，但最终的受益者却是自己。当我们把敬业当成一种习惯和生活的一部分时，你就能从中学到更多的知识，积累更多的经验，就能在全身心投入工作的过程中找到乐趣。

实践证明，一个工作懒散，缺乏敬业精神的人，永远得不到尊重和提升。人们往往会尊重那些能力中等但尽职尽责的人，而不会尊重那些自以为自己天分极高，但是对工作却马马虎虎不负责任的人。对待工作我们要全心全意，尽职尽责。在商业中有一个信条："如果你能真正制好一枚别针，应该比你制造出粗陋的蒸汽机赚到的钱更多。"所以我们看到当今所有能做大做强的企业，无不是以诚信为基础的。

不要只是满足于现状，不要觉得完成工作的质量还过得去就可以了，要力求更好。只有对自己严格要求的员工才能用最短的时间在新的工作单位中站住脚跟，才能成为企业管理者最得力的左膀右臂。

超越平庸，选择完美，停滞不前就是退步，工作就如逆水行舟不进则退。你若只是满足于现状，那么你很快就会被淘汰出局。

所以，在工作中我们要表现出自动自发的精神。上司不在身边却更加卖力工作的人，将会获得更多赞赏，还可能会有许多意外的收获。如果只有在别人注意的时候才有好的表现，那么你将永远无法到达成功的顶峰。最严格的标准应该是自己设定的，而不是由别人要求的。如果你对自己的期望比企业对你的期望更高，那么你就无须担心会失去工作。同样，如果你能达到自己设定的最高标准，那么你的成功就指日可待了。

我们经常会发现，那些被认为已经功成名就的人，其实在功成名就之前，早已默默无闻地努力工作了很长一段时间。成功是一种努力的积累，不论何种行业，想攀上顶峰，通常都需要经过漫长的实践努力和精心地规划。

第九章

好员工要能做到敬业用心

第十章 好员工要能做到独当一面

　　管理者是十分需要专家型下属的。因为管理者不可能样样精通，他必须依赖这样的下属来保持企业的正常运转。没有专家型人才尽职尽责、严谨踏实的工作，管理者便立刻成了一个毫无用处的人。因此，如果你能精通业务，成为一个专家型人才，你就会成为企业不可或缺的人才，在企业中永远拥有立足之地。

管理者离不开独当一面的下属

　　管理者的身边常聚集着各种各样的人，他们有着不同的才干，可以帮助管理者达到不同的目的。这其中，有庸才、有奴才、有专才、有干才，但无论如何，管理者欲完成自己的基本职责和任务，是离不开专家型人才的。

　　随着社会的发展，分工的细化，专家型人才愈来愈多地介入到社会生活的各个领域，在一些新兴工业化国家，政治精英们高呼"专家治国"，在西方社会里，学者们则惊于"技术统治时代"的来临。在我们企业里，我们也会很明显地感受到，随着高新技术的推广，如计算机的引入以及专业化管理技术的应用，更多的有着特殊专业才能的人开始走上工作岗位。

　　企业管理者是十分需要专家型人才的。因为企业管理者不可能样样精通，要做好工作，他必须依赖这样的下属来保持组织的正常运转。一个主抓各个职能部门的管理者是不必也不可能知道一座大楼是如何盖起来的，可能也不会清楚邮电部门的数字程控交换机是以怎样的原理工作的，他只要这些部门负责人的汇报、建议、请示，然后提出任务，交由这些职能部门去完成。管理者确定目标，但具体落实却是非靠专家不可的。没有专家型人才尽职尽责、严谨踏实的工作，管理者便立刻成了一个毫无用处的人。

因此，对于专家型的人才来说，其最大的资本就是精通业务。他有着高深的专业知识和技能，具有很强的排他性，他不但不容易为其他人所代替，而且，对于企业管理者来说，他还是不可或缺的。

还有一位叫作莫舍的美国行政学研究者认为，美国的政府"在很多方面而今是在专家们（包括科学家们）的掌握之中"。并且，"在文官法律的广泛领域之内，专业精华通常对于决定人事政策、标准和规章等问题具有最有影响的发言权。"事实上，许多专业型官僚正把美国的政客弄得昏头涨脑、晕头转向，高深艰涩的专业词汇把美国领导人事实上排除在了业务大门之外，政务官们越来越感到他们在业务人员面前正变得手足无措，只好言听计从，放弃控制的打算。

归结起来，无非就是一句话：专家型人才一定要认识到，业务可以给自己带来影响力，因此你应该利用这一有利条件，提高自己在企业管理者心目中的地位，成为企业管理者的得力助手。

有专长，也要戒"傲"

专家型人才也往往有一弊，那就是"傲"，又可被通俗地称为"清高"。过去骂人，说"臭老九"臭就臭在爱摆一个"臭架子"，虽然这话粗俗了点儿，也过于尖酸刻薄，但却讲出了一个真相，指出了专家型人才爱犯的一个毛病。

有些专家型人才"傲"，是因为觉得自己比别人强，自己的专业别人理解不了，也干不了，所以就认为自己应该高人一头。

还有些专家型人才是太钻研于业务，以致不通世事，看不惯别人不懂装懂，更看不惯有些管理者盲目干涉瞎指挥，又不注意方法，直来直去地直陈其弊，所以落得一个清高犯上的名声。

但无论哪种情况，"傲"是专家型人才与管理者和谐相处的最大障碍。

傲，便会让管理者感到下属不尊重自己，不服从自己；傲，便容易冒犯管理者，使管理者面子难堪，下不了台。傲不利于下属与管理者处理好关系。同时，管理者的不支持还会使下属搞不好自己的业务，毕竟搞好业务是需要多方面的配合和支持的，如财力、人力方面的供应；毕竟下级要专心搞业务还需要无后顾之忧，如拥有住房，所以，傲只会使"专家型"的下级自讨苦吃。

专家型的下属最可贵的品质便是谦虚平和，如果它能和其在业务上的才华相互配合，必定能做出一番事业，更会受到企业欢迎。

谦虚平和，并不会减少专家型下属的一分知识、一分才干，只会提高自己的身价，使管理者感到舒心，使自己更受尊重。

谦逊也不会损害下属的人格尊严，正如国画大师徐悲鸿所言：人不可有傲心，但不可无傲骨。谦逊并不会妨碍专家型的下属保持自己思想和操守的独立性，相反，它会使你更加进步，使你的品德更加完善。

谦虚平和，还会增长你的才干。古人说：满招损，谦受益，正是这个道理。谦虚不仅仅是一种表面上的姿态，更应是一种内在的真实感受，只有这样，管理者才会认为你并不虚伪，可以信任；也只有这样，你才能在专业领域更进一步，取得更大的成绩，从而更增强你自身的实力。

最后要说明的是，谦虚平和而不是恃才傲物更会使你受到群众的欢迎，他们将会对你的工作给予大力的支持。而那些一味地挑剔指责，认为自己比别人强得多的专业人员往往会受人讨厌，人们不愿与之一起工作，往往陷入孤立的境地。

所以，专家型的下属特长在于"精通业务"，而他们与管理者融洽相处的关键则在于"谦虚平和"。

用知识武装自己的头脑

古人云："千里之行，始于足下"，做学问、搞实践，一切都必须从基础做起。从起跑线出发，打好了基础，才能更深入地学习。要想成为一个专家型人才，优秀的下属要学会用知识经验武装自己，不断学习。

要学习了解企业制度、企业文化，在我们的日常工作中，就可以学习到很重要的东西。有位秘书在一家企业实习，她通过接收各种文件，学习各种公文的写作格式，使自己在学校中学习的公文写作理论知识得到了实实在在的"考核"，以后都不用再为公文写作而苦恼。而且通过这些公文的内容，她了解了企业的第一手材料，更迅速地了解了企业。通过自己经手的各种文件，可以了解企业的宏观概况、重大举措和发展动态等问题。这样使那些介绍企业的生硬的文字鲜活、丰润起来。她经过学习，很快适应了那家企业的工作，企业的管理者对她很赏识，认为她是个有潜力的年轻人。

即使在我们与同事的相处中，也可以学到东西，那是在书本上学不到的。例如，做人要讲诚信、重道义、严己宽人、谦逊求实，不能浮躁和夜郎自大。从同事身上学会为人处世之道，学会语言行为艺术，可以让自己做起事来挥洒自如、游刃有余。

不管你有多能干，你曾经把工作完成得多么出色，如果你一味地沉溺在对昔日表现的自满当中，学习便会受到阻碍。要是没有终身学习的心态，不断追寻各个领域的新知识以及不断开发自己的创造力，你终将丧失自己的生存能力。一旦拒绝学习，就会迅速贬值，所谓"不进则退"，转眼之间就被抛在后面，被时代淘汰。

有个年轻人在河边钓鱼，他看很多人都在这里钓鱼，觉得这里应该是有很多鱼才对。在他旁边坐着一位老人，也在钓鱼，二人相距并不远。这个年轻人钓了半天，奇怪的是一条鱼也没有钓上来。而那个老人却不停地有鱼上钩。一天下来，年轻人都没有收获。

天黑了，那位老人要走了，这个年轻人终于沉不住气，问他："我们两人的钓具是一样的，钓饵也都是蚯蚓，选择的地方也相距不远，可为何你钓到了这么多条鱼，我却一无所获呢？"老人笑笑，说："年轻人，这你就要多学学了，我钓鱼的时候，只知道有我，不知道有鱼；我不但手不动，眼不眨，连心也似平静得没有跳动，这样鱼就不会感到我的存在，所以，他们咬我的钩；而你呢，在钓鱼的时候，心浮气躁，心里只想着鱼赶快吃你的饵，眼死盯着鱼漂，稍有晃动，就起钩。鱼不让你吓走才怪，又怎会钓到鱼呢？"

这位年轻人知道了自己的不足，第二天钓鱼的时候就尽力稳住自己的情绪，这样果然大有斩获，虽然还是没有那个老人钓的鱼多，但比起第一天来实在可以说是大丰收了。

优秀的员工要学会学习，虚心地向自己身边的有才能之士学习，一个人知道了自己的短处，才能改进自己，胜券在握。每个人身上，都有值得你学习的地方。

培养属于自己的核心竞争力

在未来激烈的市场竞争中，一个人想要立于不败之地，就必须让自己在所从事的领域里拥有核心竞争力，做到没有人能超越你，成为一个真正的专家，并且不断找准发展方向，走在发展的最前沿，成为能为企业正确解决问题的人，成为能为企业带来效益的人。

能力出众，并不一定是在所有方面都能出众，但至少在某一方面能做得比别人更好，用现在流行的话来说，就是拥有一项核心竞争力。

最近几年，核心竞争力成为大家经常谈论的热点概念，企业管理者强调企业要有自己的核心竞争力，企业员工也认为拥有核心竞争力才是生存的本钱。一时间，核心竞争力成为了焦点中的焦点。竞争力是成功的原因，核心竞争力则是持续成功的原因。

是什么使起点相同的两个人在几年后个人竞争力差别巨大？一个人可能已经作为企业的骨干，承担了很重要的工作，而另一个人还在碌碌无为呢？是什么使某些人在事业上裹足不前而竞争对手却看起来一帆风顺呢？为什么你的薪酬不如别人多？为什么这次提拔的人不是你？对于这些问题，不同的人会有不同的回答，"他是名牌大学毕业的，学历也比我高"，"他和领导的私人关系好，他很会博得领导的欢心"等等，这些都是我们经常会听到的回答。确实，造成这种结果的原因很复杂，包括个人的机遇、个人的性格因素等，但这些都不是决定性的因素。

真正决定一个人是否能取得成功的最关键因素就是核心竞争力。尽管我们的社会和企业中还存在许多不规范的方面，但随着社会的进步和企业对管理理解的逐渐深入和制度的逐渐规范，决定员工成功的因素越来越回归到个人的素质、工作能力等因素。

这样看来，决定个人职业生涯成败的因素越来越归结于个人的竞争力。竞争力，其实就是工作能力，仅仅具有能力还是不够的，还要看你的能力是否珍贵。如果你的某种能力，其他人也都具备，那么显然你并不具有竞争优势；而如果你所掌握的某种能力，大家都不具有但却是企业所必需的，那么显然你是具有绝对竞争优势的。这种能力就是一个员工的核心竞争力，某种能力被越少的人掌握，其竞争力就越强。

在这个世界上，每个人都是独一无二的。我们也没有必要去要求自己和别人一样，如果大家所掌握的知识都是一样的，那么这个世界就会处于停滞状态。同时我们也没有必要要求自己在所有领域都能精通，事实上个人精力的有限也决定了这是不可能的。真正聪明的人，会根据自身的特点，挖掘自己身上具有而别人不具有或者很少有人具有的能力。独一无二的人往往就是最成功的人，那些所谓的天才就是把自己的某种独特性甚至是某种缺点发挥到极致的人。

寻找核心竞争力，在某种程度上说就是寻找差异，寻找自己身上与别人不同的地方，寻找自己身上的个性。美国MTT多媒体实验室主任尼葛洛庞蒂说："我们在招人时，如果有人大学毕业时考试成绩全部是A，我们对他不感兴趣；如果有人在大学考试中有很多A，但也有两三个D，我们才感兴趣。因为往往在大学里表现得很好的学生，与我们一起工作时，表现得并不那么好。我们就是要找个性与众不同，在大学学习时并不是很用功的那些人。这些人往往很有创造性，对事物很警觉，反应非常机敏。人才更多的是一种心态，是指与传统思维完全不一样的那种人。真正的人才不是看他学了多少知识，而是看他能不能承担风险、不循规蹈矩地做事情。"

个性、不循规蹈矩地做事情、不羁的创造力是我们这个时代所缺乏和需要的。然而对大多数人来说，更为重要的是专业能力。如今，大学校园里，外语和计算机已经成为了大家最为重视的事情，学生们都以为拥有了优秀的外语和计算机水平就能找到一份好工作，许多人因此把大量的时间花费在了外语和计算机上面，却荒废了专业课的学习。其实，这完全是一种盲目的冲动。现在的企业最需要的不是懂外语和会计算机的，这仅仅是基本的职业技能，企业最需要的还是优秀的专业能力。你要想让你的企业真正地感到你是人才，还应该在你的专业技能上下功夫。切记，你的智慧，尤其是专业技术的水准高低，在企业选择下属的价值天平上，远胜于你的外语和计算机能力。

核心竞争力，并不一定是那些非常高端的技术和能力，任何一项能力，任何一种品德，都可以成为核心竞争力，关键是你要在这方面做得非

第十章 好员工要能做到独当一面

常出色。正所谓"三百六十行，行行出状元"。

一种情感、一种精神、一种品质、一种能力，都可以成为优秀员工的核心竞争力，只要是和竞争对手相比，你所具有的是其中最好的。

每时每刻都要求进步

一个具有核心竞争力的人，他时时刻刻追求进步，以便让自己的核心竞争力更为突出。

进步，通过学习可以得到。学习，应是人终生的伴侣。一个人成就有大小，水平有高低，决定这一切的因素很多，但最根本的还是学习。正确地利用闲暇时间进行学习是卓越品质的表现。历史上的很多例子都说明，被用来学习的闲暇时间从很大意义上来讲，并没有"闲"。这些时间是节省出来的，是从睡眠、就餐和娱乐时间中节省出来的。

使人没有成就、陷入平庸的并不是能力不足，而是勤奋不够。在很多情况下，你的智力和头脑要胜过其他人，但你不思进取，恶习使你懒于思考。你把时间和金钱虚掷在饭店里、舞厅里、麻将桌上，到了迟暮之年，一辈子为人作嫁的束缚使你痛苦不堪，于是你就抱怨时运不济，机缘不好。

有句俗话说："人穷怪屋基。"其意是讽刺有问题不从自身找原因，而是一味归咎于客观原因的现象。

随时随地求进步是一种心态，必须自己用心去引导，它才会像泉水般涌现出来。心理学家皮尔说："如果你觉得生活特别艰难，就要老老实实地自省一番，看看毛病在哪里。我们通常最容易把自己遭受的困难归咎给别人，或诡称是无法抗拒的力量。但事实上，你的问题并非你所不能控制的，解决之道正是你自己。"如果一个人常常有消极或无能为力的感觉，就会使自己变得懒惰起来。这时，最能帮助你的就是你自己；改变心态，换一种积极上进的思想，自然会再度站立起来。

书籍多如耸立的高山，知识如广阔浩瀚的海洋。功成名就，好比攀登崇山峻岭，横渡浩瀚海洋，行程漫漫，困难重重，绝非短期之功可以毕其役。锲而舍之，朽木不折；锲而不舍，金石可镂。浪费光阴者，属于前者，或者游游荡荡，或者无所事事，到头来一事无成，空空如也。与此相反，随时随地求进步者，认定一条适合自己发展的路，能排除妨碍走这条路的所有干扰，义无反顾地一路走下去，不到黄河心不死。世俗的阴风吹不倒你，新鲜的诱惑拿你无可奈何，你甚至甘愿寂寞，耐得经年寒窗。别人笑你痴，笑你傻，笑你呆，笑你不识时务，你都能一笑置之，甚至对付出自己生命的巨大代价也在所不惜。如此，何事不成？何功不就？何名不著？

知识一天没有积累时，不是维持现状，而是在减少。所以，积累也不是一般概念的加法，当你的知识积累到一定程度，就会爆发出一个个灵感来，这种灵感会使你一下子明白许多以前似懂非懂的东西，会使你悟出许多书本上没有学过的东西。这样，你的知识岂不是呈几何倍数地增长了吗？

将工作独立完成好

独当一面是员工职业发展的必备素质。只有把自己的工作独立地处理得很好，让上司觉得在这方面少了你就不行，觉得你的存在并非可有可无，那样你的价值和地位才能得以巩固，才能在企业立足扎根。

下属工作有独立性才能让管理者省心，管理者才敢对其委以重任。合适地提出独立的见解、做事能够独当一面、善于把同事忽略的事情承担下来，是一个好员工必备的素质。

每个企业的工作都可以看作一个整体和系统，这个整体和系统总体上由管理者来把握，其中每一部分都要有具体的人分工负责，管理者一般只是在宏观上控制和把握。这种分工的特点就要求下属要有独立性，能够独当一面，替管理者处理一摊子问题。

事实上，管理者从解决问题的角度讲也不可能事必躬亲，他的精力不允许他每件事情都操心过多。

工作有独立性，能够独当一面也是下属"生存"和发展的必备素质。某个下属把一摊子事独立做得很好，比如在公关或理财方面干得出色，管理者就会觉得在这方面离了他就不行，觉得他的存在并非可有可无，那样他的价值和地位才能得以巩固。

然而，很多人在独立性方面表现相当差，一味地依靠管理者，离开管理者一事无成。在管理者面前不敢发表自己的主张，唯唯诺诺，做事无主见，没有独创性，唯管理者的命令是从。这样的下属管理者并不喜欢，至少觉得靠不住，甚至认为有之不多、无之也不少。有些人连在工作中需要干什么、怎么干、干得怎样，一点也不清楚，凡事都向管理者请示、向管理者汇报，不仅不让管理者省心，还给管理者增添了不少麻烦，结果把管理者搞得很心烦。

因此，我们说工作有了独立性才能"吃得开"，才能在同事和企业管理者心目中稳住脚跟。

充分锻炼工作的独立性

一般来说，锻炼我们的工作独立性应从以下几方面着手：

第一，要有独立见解。

独立的见解是一个人胆识、经验、能力和态度的综合反映，企业管理者做决策时很希望下属出谋划策，想出一些"点子"供他参考。当然，这些见解并不一定被采纳，但至少可以启发管理者的思路，帮助管理者修正他的决策。只有这样，管理者才能重视你。

阿尔巴顿·康是福特很赏识的建筑工程师，37岁时被福特委以重任，去设计建造海兰德公园工厂。阿尔巴顿·康对此早形成了大胆且独特的方案，他问福特："把工厂设计成长865英尺（1英尺约合0.3米），宽75英尺，四方形的四层建筑，以钢筋混凝土为材料，可以吗？"

"好！"福特基于信任毫不犹豫地同意了这个建议。

"玻璃占建筑物外观总面积的75%？"阿尔巴顿·康接着问道。

这个大胆的设想对一般人而言简直不可思议，福特却深懂其中的奥妙："玻璃面积大，厂房内采光效果好，对大规模作业非常有利。"像受到启发似的，福特兴冲冲地接着说："机械厂房设在另外一边，是一栋玻璃屋顶的　楼建筑总厂和机械厂房在天井中并有钢梁联通，卜有吊车，制造完的引擎或变速器就可以利用天井中的吊车搬到总厂了。总厂四楼全楼面的天井也加装吊车，建造倾斜方式的生产流水作业台。"

阿尔巴顿·康心领神会，"对极啦，成品可以由高向低自然滑下，人可以不动，只要产品移动就行了。"

"太好了！就照这样设计吧！"福特最后拍板，充满信任地把这个任务交给阿尔巴顿·康去办。

独立的见解需要用合适的方式发展，阿尔巴顿·康正是掌握好了交谈的节奏，通过启发诱导并给福特以充分考虑的时间和空间，让自己的见解融入福特的意见，最终给福特的感觉是：这家伙设想真大胆，受其启发我也竟想出这些好办法。

第二，能够独立地承担一些重量级任务。

独当一面更多地体现在能干大事上，能够替管理者承担一些棘手的问题，是独立性的重要表现。

尼古拉就是林肯身边能够替林肯处理很多麻烦事的亲信。林肯当选总统后，经常派尼古拉到华盛顿以外的地方去执行极为重要的政治任务，如调解一场有使纽约共和党发生内讧危险的关于授权问题的激烈争吵，或派到明尼苏达州去协助消弭一场印第安人的战争。在1864年重新确定美国总统候选人的共和党代表大会上，他是林肯的个人观察员。林肯当选总统后工作忙，不可能亲自翻阅报纸，为了关注报纸对总统的评论，只好依靠尼古拉严密注视报界动向，尼古拉便对重要消息作简短提要，这项工作直至今天仍是大多数政府的一项固定工作。

第三，把被同事忽略的事情承担下来。

任何单位无论分工多么细致，也总有一些不起眼的地方被大家忽视，有心的员工往往注意于细微处下功夫，独立地把这类工作承担下来。在管理者眼里，这些做法属于填补空白、弥补疏漏的行为，说明你比其他人的心更细、考虑更周全些。

第十一章 好员工要能做到满腔热忱

　　现在的企业中，每个人都承受着巨大的压力，同事间的竞争、工作方面的要求以及一些生活琐事，无时无刻不在冲击着每个人。若没有热忱做支撑，你很快就会在这种重压下倒下来。反过来，若能让热忱充满你的内心，让热忱做你"内心的神"，那么你将成为"工作中的神"，成为企业的优秀员工。

热忱是员工工作的灵魂

热忱是工作的灵魂，甚至就是生活本身。年轻人如果不能从每天的工作中找到乐趣，仅仅是因为要生存才不得不从事工作，仅仅是为了生存才不得不完成职责，这样的人注定是要失败的。

我们都欣赏满腔热情工作的人。热忱可以通过分享来复制，而不影响原有的程度，他是一种分给别人之后反而会增加利润的资产。你付出得越多，得到的也会越多。生命中最巨大的奖励并不是来自财富的积累，而是由热忱带来的精神上的满足。

当你兴致勃勃地工作，并努力使自己的同事和顾客满意时，你所获得的利益就会增加。在你的言行中加入热忱吧！热忱是一种神奇的要素，吸引并且影响着人们，同时它也是成功的基石。

诚实、能干、友善、忠于职守、淳朴——所有这些特征，对准备在事业上有所作为的年轻人来说，都是不可缺少的，但是更不可或缺的是热忱。

发明家、艺术家、音乐家、诗人、作家、英雄、人类文明的先行者、大企业的创造者——无论他们来自什么种族、什么地区，无论在什么时代——那些引导着人类从野蛮社会走向文明的人们，无不是充满热忱的人。

如果你不能使自己的全部身心都投入到工作中去，无论做什么工作，都可能沦为平庸之辈。你无法在人类历史上留下任何印记。做事马马虎虎，只有在平平淡淡中了却此生。如果是这样，你的人生结局将和千百万的平庸之辈一样。

热忱是工作的灵魂，甚至就是生活本身。年轻人如果不能从每天的工作中找到乐趣，仅仅是因为要生存才不得不从事工作，仅仅是为了生存才不得不完成职责，这样的人注定是要失败的。当年轻人以这种状态来工作时，他们一定犯了某种错误，或者错误地选择了人生的奋斗目标，使他们在天性所不适合的职业上艰难跋涉，白白地浪费着精力。他们需要某种内在力量的觉醒，应当被告知，这个世界需要他们做更好的工作。我们应当根据自己的兴趣把各自的才智发挥出来，把各人的能力增至原来的10倍、20倍、100倍。

从来没有什么时候像今天这样，给满腔热情的年轻人提供了如此多的机会！这是一个年轻人的时代，世界让年轻人成为真与美的阐释者。大自然的秘密，就要由那些准备把生命奉献给工作的人、那些热情洋溢地生活的人来揭开。各种新兴的事物，等待着那些热忱而且有耐心的人去开发。各行各业，人类活动的每一个领域，都在呼唤着满怀热忱的工作者。

热忱是战胜所有困难的强大力量，它使你保持清醒，使你全身所有的神经都处于兴奋状态，去进行你内心渴望的事，它不能容忍任何有碍于实现既定目标的干扰。

热忱才能保持积极向上的态度

著名音乐家亨德尔年幼时，家人不准他去碰乐器，不让他去上学，哪怕是学习一个音符。但这一切又有什么用呢？他在半夜里悄悄地跑到秘密的阁楼里去弹钢琴。莫扎特孩提时，白天要做大量的苦工，但是到了晚上，他就偷偷地去教堂聆听风琴演奏，将他的全部身心都融化在音乐之中。巴赫年幼时只能在月光底下抄写学习的东西，连点一支蜡烛的要求也被蛮横地拒绝了。当那些手抄的资料被没收后，他依然没有灰心丧气。同样地，皮鞭和责骂反而使儿童时代充满热忱的奥利·布尔更专注地投入到他的小提琴曲中去。

没有热忱，军队就不能打胜仗，雕塑就不会栩栩如生，音乐就不会如此动人，人类就没有驾驭自然的力量，给人们留下深刻印象的雄伟建筑就不会拔地而起，诗歌就不能打动人的心灵，这个世界上也就不会有慷慨无私的爱。

热忱使人们拔剑而出，为自由而战；热忱使大胆的樵夫举起斧头，开拓出人类文明的道路；热忱使弥尔顿和莎士比亚拿起了笔，记下他们燃烧着的思想。

"伟大的创造，"博伊尔说，"离开了热忱是无法做出的。这也正是一切伟大事物激励人心之处。离开了热忱，任何人都算不了什么；而有了热忱，任何人都不可以小觑。"

　　热忱，是所有伟大成就的取得过程中最具有活力的因素。它融入了每一项发明、每一幅书画、每一尊雕塑、每一首伟大的诗、每一部让世人惊叹的小说或文章当中。它是一种精神的力量。它只有在更高级的力量中才会生发出来。在那些为个人的感官享受所支配的人身上，你是不会发现这种热忱的。热忱的本质就是一种积极向上的力量。

　　最好的劳动成果总是由头脑聪明并具有工作热情的人完成的。在一家大企业里，那些吊儿郎当的老职员们嘲笑一位年轻的同事的工作热情，因为这个职位低下的年轻人做了许多自己职责范围以外的工作。然而不久他就被挑选出来，当上了部门经理，进入了企业的管理层，令那些嘲笑他的人瞠目结舌。

　　成功与其说是取决于人的才能，不如说是取决于人的热忱。这个世界为那些具有真正的使命感和自信心的人大开绿灯，到生命终结的时候，他们依然热情不减当年。无论出现什么困难，无论前途看起来是多么的暗淡，他们总是相信能够把心目中的理想图景变成现实。

　　热忱，使我们的决心更坚定；热忱，使我们的意志更坚强！它给思想以力量，促使我们立刻行动，直到把可能变成现实。不要畏惧热忱，如果有人愿意以半怜悯半轻视的语调把你称为狂热分子，那么就让他这么说吧。一件事情如果在你看来值得为之付出，如果那是对你的努力的一种挑战，那么，就把你能够发挥的全部热忱都投入到其中去吧，至于那些指手画脚的议论，则大可不必理会。笑到最后的人，才笑得最好。成就最多的，从来不是那些半途而废、冷嘲热讽、犹豫不决、胆小怕事的人。

就像美一样源源不断的热忱，使你永葆青春，让你的心中永远充满阳光。记得有位伟人如此警告说："请用你的所有，换取对这个世界的理解。"而我们要这样说："请用你的所有，换取满腔的热忱。"

用最佳状态来迎接工作

你可以没有经验，但不可以没有激情。微软的招聘官说："我们愿意招的微软人，首先应是一个非常有激情的人，即对企业有激情、对技术有激情、对工作有激情。"

以最佳的精神状态工作，不但可以提升你的工作业绩，而且还可以给你带来许多意想不到的成果。而没有激情，世界上最先进、最快捷的工作方式和方法都会黯然失色，因为发挥不了其本来的作用，反而变得不如平凡的方式方法。可是，要长久地保持工作激情，谈何容易？所以，即使你的工作激情真的渐渐减弱，只要做到以下两点，也可以让企业感受到你激情依旧：

1.远离拖延

虽然你最终完成了工作，但拖后腿和低效率使你显得还是不能胜任此项工作。对于你的延误，管理者会认为是你缺少激情和兴趣。所以，一旦管理者给你安排了工作或者你确定了自己的工作计划，你就必须马上付诸行动，认真地完成。至于你有什么想法或懈怠的念头，大可以回到家倒在床上好好地发泄出来。

2.远离沮丧

激情是你责任心和上进心的外在表现，这是任何管理者都愿意看到的。同样的，领导也不可能指望一个随波逐流、沮丧的职员会取得什么不凡的业绩。当你觉得心情沮丧的时候，就要有意识地让自己走路时昂首挺胸，与人交谈时面带微笑，工作时神情专注，穿着上多花点心思，如果是女性就化一个漂亮的淡妆……如此就能将你的沮丧很好地加以掩饰，也能给同事、给自己带来积极的影响。

创造奇迹也需要热忱

企业成功的关键在于优秀的员工，而支撑员工不断成长的是内心的热情。成功总是偶然性与必然性的结合，而支撑在成功背后的却是成功者对事业持久追求的热忱，而这种热忱正是他们高出众人的独有的素质。

一个家境很不好的大学生，到一家叫希尔电工的企业做小职员。他很珍惜这次工作机会，对自己的企业也很热爱。他每次出差住旅馆的时候，总是在自己的姓名后面加上一个括号，写上"希尔电工"四个字，在平时的书信和收据上也这样写，天天如此，年年如此。"希尔电工"的签名一直伴随着他，他的这种做法引起了同事们的注意，于是就送了他一个"希尔电工"的绰号，而他的真名却渐渐被人们淡忘了。

企业总经理知道了这件事后，被年轻人努力宣扬企业声誉的行为深深地感动了。他特地邀请这个年轻人到咖啡馆，边喝咖啡边交流，不知不觉长谈到了深夜。企业总经理问年轻人："你为什么这样推崇自己的企业？"

午轻人说："企业是我们集体的家园，只有这个家园强盛了，我们这些人才能幸福。"后来，他逐步被提升为组长、部长、副总，直至成了"希尔电工"企业的总经理。"希尔电工"的成功你也许不服气，认为这种小事谁都能做。不错，在很多方面胜过他的人一定不在少数，但像他那样许多年如一日爱企业如爱自己家的人能有几个？像他那样把爱业、敬业、勤业的热忱化作一种有影响的企业精神的人能有几个？

当你以热忱之心全心全意致力于工作时，哪怕是最乏味的工作，你也会干得兴致勃勃，从中体味出劳动、奉献的快乐。而当你因嫌弃自己的工作，不愿干、不喜欢却又无可选择，不得不干时，情绪低落，怨气冲天，即使已尽到了职责，管理者也不会给你好评。因此，假如你已经干了你并不喜欢的工作，在暂时不可能变更的情况下，就要努力改变认识和态度，使自己爱上这一行，并尽全力干好这一行。而干好这一行则是为你以后的工作变动创立一个良好的前提，打下一个有利于你人生转折的坚实基础。

著名人寿保险推销员法兰克·派特正是凭借着热忱，创造了一个又一个奇迹。"当时我刚转入职业棒球界不久，遭到有生以来最大的打击，因为我被开除了。我的动作无力，因此球队的经理有意要我走人。他对我说："你这样慢吞吞的，哪像是在球场混了20年？法兰克，离开这里之后，无论你到哪里做任何事，若不提起精神来，你将永远不会有出路。'

"我参加了亚特兰斯克球队，月薪只有25美元，我做事当然没有热情，但我决心努力试一试。待了大约十天之后，一位名叫丁尼·密亭的老队员把我介绍到新凡去。在新凡的第一天，我的一生有了一个重大的转变。我想成为英格兰最具热情的球员，并且做到了。

"我一上场，就好像全身带电一样。我强力地击出高球，使接球的人双手都麻木了。记得有一次，我以强烈的气势冲入三垒，那位三垒手吓呆了，球漏接了，我就盗垒成功了。当时气温非常高，我在球场上奔来跑去，极有可能中暑而倒下去。

"这种热情所带来的结果让我吃惊，我的球技出乎意料地好。同时，由于我的热情，其他的队员也跟着热情高涨起来。由于对工作和事业的热情，我的月薪由25美元提高到185美元，是以前的七倍。在后来的两年里，我一直担任三垒手，薪水加到当初的30倍之多。为什么呢？就是因为一股热情，没有别的原因。"

后来由于手臂受伤，派特不得不放弃打棒球。他来到了菲特列人寿保险企业当保险员，但整整一年都没有业绩，他因此非常苦恼。后来他像当年打棒球一样，又对工作充满了热情，很快他就成了人寿保险界的大红人。

由此可见，热忱对一个人的成功是多么的重要。现在的企业中，每个人都承受着巨大的压力，同事间的竞争、工作方面的要求以及一些生活琐事，无时无刻不在冲击着我们。若没有热忱做支撑，你很快就会在这种重压下倒下来。反过来，若能让热忱充满你的内心，让热忱做你"内心的神"，那么你将成为"职场上的神"，成为企业的优秀员工。

积极主动是正确的态度

在工作中，保持积极主动往往是正确的态度。管理者不希望看见自己的下属消极堕落，因为消极的态度会扼杀在工作中的创造性，降低工作效率。相反，管理者非常欣赏那些工作积极主动的人，因为这些人会发挥自己的创造性，大大提高工作效率，给企业带来好的效益。这样的人，必将会成为企业不可或缺的优秀员工。

身处企业，想比别人更成功、更出色吗？办法只有一个，那就是积极主动地工作。

但遗憾的是，很多员工的想法恰恰与此相反，他们认为企业是企业管理者的，自己只是一个打工人员，归根到底还是在要死要活地替别人工作。很自然的，有这种想法的员工很容易成为"牙膏"式的员工，天天按部就班地工作，缺乏活力，除非管理者推一下挤一下，他才动一动，有的甚至会出现逆向选择和道德风险。

那么管理者怎么看待这个问题呢？英特尔总裁安迪·葛洛夫应邀对加州大学伯克利分校毕业生发表演讲的时候，提出了以下建议："不管你在哪里工作，都别把自己当成员工——应该把企业看作自己开的一样。"在任何企业里，你除了能要求自己以外，剩下的任何人或事都不是你所能控制的，你只有积极主动，用向上的心态去待人处世才可能闯出自己的一片新天地。

在企业里，很多员工都认为只要准时上班、按时下班，不迟到、不早退就是完成工作了，就可以心安理得地去领工资了。其实，工作首先是一个态度问题，工作需要热情和行动，工作需要努力和勤奋，工作需要一种积极主动、自动自发的精神。自动自发地工作的下属，将获得工作所给予的更多的奖赏。

坦诚地说，很多在企业任职的人在这方面大多是茫然的。他们每天在茫然地上班、下班，到了固定日子领回自己的薪水，高兴一番或抱怨一番之后，仍然茫然地去上班、下班……他们从不思索关于工作的问题：什么是工作？工作是为什么？可以想象，这样的人，他们只是被动地应付工作，为工作而工作，他们不可能在工作中投入自己全部的热情与智慧。他们只是机械地完成任务，而不是去创造性地、自动自发地工作。

他们没想到，他们固然是踩着时间的尾巴准时上下班的，可是，他们的工作很可能是死气沉沉的、被动的。当他们的工作依然被无意识所支配的时候，很难说他们对工作的热情、智慧、信仰、创造力被最大限度地激发出来了，也很难说他们的工作是卓有成效的。他们只不过是在"过日子"或者"混日子"罢了！

其实，工作是一个包含了诸多智慧、热情、信仰、想象和创造力的词。卓有成效和积极主动的人，他们总是在工作中付出双倍甚至更多的智慧、热情、信仰、想象和创造力，而失败者和消极被动的人，却将这些深深地埋藏起来，他们有的只是逃避、指责和抱怨。

应该明白，那些每天早出晚归的人不一定是认真工作的人，那些每天忙忙碌碌的人不一定是优秀地完成了工作的人，那些每天按时打卡、准时出现在办公室的人不一定是尽职尽责的人。对他们来说，每天的工作可能是一种负担、一种逃避，他们并没有做到工作所要求的那么多、那么好。对每一个企业而言，他们需要的绝不是那种仅仅遵守纪律、循规蹈矩，却缺乏热情和责任感，不能够积极主动、自动自发工作的员工。

员工应该学会掌控自己的态度。影响你的态度的，不是管理者，不是工作；不是父母，也不是失败，而是你自己。你怎么想，怎么反应，全看你自己。

在生命的任何时刻，你的态度都是由自己决定的。你可以让它帮助你，也可以让它毁掉你。态度本身无所谓是非，它只是通往结果的方式。不管你的目标是什么，你的态度决定了你的方向。不论这些目标是积极的或消极的、正确的或错误的、能够提升自己的或将导致自我毁灭的，态度都由你自己决定，就像电脑依据输入的程式印出文字或表格一样。

即使在万事不顺遂的时候，只要思想积极，依然能够渡过难关，在解决问题或情况改变之前，保持充沛的精力，将使你不致陷入泥沼，反而能够屡仆屡起。

工作不是一个关于干什么事和得多少报酬的问题，而是一个关于生命的问题。工作就是自动自发，工作就是付出努力。正是为了成就什么或获得什么，我们才专注于什么，并在那方面付出精力。从这个本质的方面说，工作不是我们为了谋生才去做的事，而是我们用生命去做的事！

成功取决于态度，成功也是一个长期努力积累的过程，没有谁是一夜成名的。所谓的主动，指的是随时准备把握机会，展现超出他人要求的工作表现，以及拥有"为完成任务，必要时不惜打破常规"的智慧和判断力。知道自己工作的意义和责任，并永远保持这种自动自发的工作态度，为自己的行为负责，是那些成就大业之人和凡事得过且过之人的根本区别。

　　明白这个道理，并以这样的眼光来审视我们的工作，工作就不再成为一种负担，即使是最平凡的工作也会变得意义非凡。在各种各样的工作中，当我们发现那些需要做的事情，哪怕并不是分内事的时候，也就意味着我们发现了超越他人的机会。因为这自动自发地工作的背后，需要你付出的是比别人多的热情、智慧、创造力和想象力。

积极主动并不是埋头苦干

　　虽然积极主动的工作态度不完全是为了讨好和迎合管理者的喜好，但我们也不应该在企业里只知道埋头苦干，而完全不顾及我们的努力管理者是否看到。从某种程度上说，花点心思让管理者认可你的这种积极主动的态度，要远比你把所有心思都用在如何努力工作上所给你带来的益处要多得多。

　　让管理者知道你在做什么，正在以什么样的心情工作，这显然是明智的举动。一个优秀下属的聪明之处，一是体现在工作上的出类拔萃，再就是体现在他是如何巧妙地让管理者知道他为企业作出了哪些突出的贡献，更精明的下属则能揣度管理者的心思，同时尽可能地把自己的优点和可取之处通过各种方法展现给管理者，从而在管理者的心中树立起良好的形象。

所以在日常工作中，光是苦干蛮干是不行的，更要巧干。当然我所说的给管理者留下好印象绝不是欺骗管理者，如果你有这种心思，那么你一定会动起歪念头，迟早管理者也会发现你在有意欺骗他，这样的结果是十分不妙的。

你应该把握住每次和管理者接触的机会以展现自己，千万不要认为下次再行动。

第十二章 好员工要能做到不找借口

　　要想成为一个优秀的员工，成为企业中受欢迎的人，就应该做到从不在工作中寻找任何的借口为自己开脱，而是努力把每一项工作尽力做到超出预期，最大限度地满足企业提出的要求。同时，对客户及同事提出的各种要求，也同样从不找任何借口推托或延迟。

任何时候都没有借口

美国成功学家格兰特纳曾经说过，如果你有自己系鞋带的能力，你就有上天摘星的机会！让我们改变对借口的态度，把寻找借口的时间和精力用到努力工作中来。因为工作中没有借口，人生中没有借口，失败没有借口，成功也不属于那些寻找借口的人！我们要想获得重用，就必须改变给自己找借口的恶习。

"没有任何借口"，这是西点军校一直以来所奉行的最为重要的行为准则，也是西点军校传授给每一位入校新生的第一个理念。它强调的是要求每一位学员都应该尽全力去完成每一项上级交代的任务，而不是因为没有完成任务便向长官陈述各种借口，即使是听上去非常合理的借口。正是秉承着这一理念，无数的西点毕业生在人生奋斗中取得了非凡的成就。

在企业中工作，这一点也同样值得借鉴，企业中最缺少的也正是那种想尽办法去完成任务，而不是去寻找任何借口的员工。在这些员工的身上，体现出了一种服从和诚实的态度，一种敬业和负责的精神，一种超出常人的执行能力。

在日常的工作中，我们总能够听到各种各样的借口：

"不是这样的，经理，我是准时出门的，路上实在堵车堵得厉害。"

"我可以完成的，要不是××来搅局。"

"这些东西我以前没有接触过，所以做起来有点不习惯。"

"再给我三天我就肯定完成了。"

"可是，经理，那时候我应该休假的啊，这不是企业的规定吗？"

"经理，我也是人啊，要休息的，不是机器，机器还出错呢，何况是人？"

也许借口可以让我们能暂时逃避责难。但是我们要知道，短期内你也许能够从各种借口中得利，但随着时间的推移你会发现，借口的代价如此的高昂，它给我们个人带来的危害其实一点也不比其他任何恶习少。

人们曾经把借口归结为以下五种表现形式，它们是：

1.这段时间我比较忙，但我会尽力的

如果你有够仔细和细心的话，你会发现在每个企业的每个角落里都存在着这样的员工：他们看起来总是忙得不可开交，一刻没有清闲，很是尽职尽责的样子。但实际上，他们是把本应很短时间内就可以完成的工作故意拖延得很长，往往需要半天甚至更多的时间。找借口的一个最直接后果就是易让人养成拖延的坏习惯。这些人不会拒绝任何任务，但他们只是不努力，他们以各种各样的借口拖延逃避。这样的员工很难让人找到他们的什么毛病，甚至会使主管认为他们在很卖力地工作，蒙蔽住管理者的眼睛。

2.我以前从没这么做过，什么都要重新摸索

任何一个新的任务都需要一定的创新和进取精神，而喜欢寻找借口的人往往趋于守旧，他们缺乏的正是这种创新精神和自动自发工作的热情。干什么都要人在后面督促，就像挤牙膏，不挤就不动。期望这种人在工作中会有什么创造性的发挥是徒劳的。

3.他们没有征求我的意见，我怎么会有责任

"这事与我无关，我不应该承担责任。"正是这些人想说的。而这些责任却恰恰是他本人应该承担的。一个人在一个团队中想到更多的应该是这个集体而不是个人。如果一个员工没有责任感，就不可能得到同事的信任和支持，也不可能获得管理者的器重和赏识。人人都要付出寻找借口的代价，就是使整个团队运行效率下降，并最终摧毁这个团队。

4.赶上对手？不可能！他们在许多方面都超出我们一大截

想要判断一个员工是否具有进取心，一个有效的测试方法就是问问他是如何看待自己的竞争对手的。如果他不思进取，必然会寻找这样的借口。这会带来十分严重的后果，便是让人变得更加消极，在遇到困难和挫折的时候，不是积极地去想办法克服，而是去找各种各样的借口为自己的懒惰和灰心找理由。他的言下之意就是"我不行""我干不了"，这种心态剥夺了一个人成功的机会，最终让人一事无成。所以，要想成为一个优秀的员工就应该做到从不在工作中寻找任何的借口为自己开脱，而是努力把每一项工作尽力做到超出管理者的预期，最大限度地满足管理者提出的要求。同时他们对客户及同事提出的各种要求，也同样从不找任何借口推托或延迟。

善于寻找借口的人一事无成

借口是拖延的温床。在西点军校，学员接受的第一个观念就是，没有任何借口，不要拖延，立即行动！如果第一次学员因疏忽或别的原因没有及时完成自己的任务，并以种种借口逃脱了惩罚，第二次、第三次……久而久之，至少在这件事上，学员可能就会养成寻找借口的习惯。

想想看，如果是在战场上，在修建工程时，在对敌冲锋……这样的习惯将会造成多么可怕的后果啊！这不是把问题绝对化，其实，企业竞争如战场，工作就如同战斗。企业竞争程度并不比战场上轻多少，我们在企业中求得生存的欲望也丝毫不比在腥风血雨的战场上少。要在竞争中立于不败之地，就必须拥有一支高效的、能战斗的团队。它就是我们任务的执行者，任何一项任务的完成都不能离开它，所以团队中成员的素质就是我们取得胜利的关键因素了。商机稍纵即逝，不容许有任何的拖延。延误商机就等于延误战机，就是让我们自己离死亡更近了一步。任何一个管理者都知道，对那些做事拖延的人，是不可能给予太高的期望的。

所谓拖延就是无论任何事情都要留到明天去处理，总是能耽搁些时日且觉得是一件幸福的事。这是一种很坏的工作习惯，会消耗掉我们的工作热情，降低我们的工作效率，以至于最后我们成为了企业不信任的人，断送了我们自己的前途。每当要付出劳动，或要做出决断时，总会为自己找出一些借口来安慰自己，总想让自己轻松些、舒服些。人们常常纳闷，为什么有的人如此善于找借口，却无法将工作做好，这的确是一件非常奇怪的事。因为不论他们用多少方法来逃避责任，该做的事还是得做。而拖延是一种相当累人的折磨，随着完成期限的迫近，工作的压力反而与日俱增，这会让人觉得更加疲倦不堪。

　　那借口的实质是什么呢？不难得出这个结论，任何借口都是推卸责任的一种表现。在责任和借口之间，我们是选择责任还是选择借口，体现了一个人的工作态度，同样也体现了做人的基本素质。当我们遇到问题的时候，特别是难以解决的问题，可能让你愁肠百结或是寝食难安。这时候，不同素质的人就会表现出不同的态度。具有积极态度的人当然会想方设法地去解决问题，问题得不到解决反倒会寝食难安了。但是那些没有责任感的人却会想出各种各样的借口来推卸自己的责任。出现问题不是积极、主动地加以解决，而是千方百计地寻找借口，致使工作无绩效，业务荒废。借口变成了一面挡箭牌，事情一旦办砸了，就能找出一些冠冕堂皇的借口，以换得他人的理解和原谅。找到借口的好处是能把自己的过失掩盖掉，心理上得到暂时的平衡。但长此以往，因为有各种各样的借口可找，人就会疏于努力，不再想方设法争取成功，而把大量时间和精力放在如何寻找一个合适的借口上。不要放弃努力，不要寻找任何借口为自己开脱。寻找解决问题的办法是最有效的工作态度。即使面临各种困境，你仍然可以选择用积极的态度去面对眼前的挫折。

　　我们不能把找借口培养成一种习惯。习惯是可以表现出一个人的本质的，从小至老只有习惯可以伴随人的一生，习惯是在不知不觉中养成的，是某种行为、思想、态度在脑海深处逐步成形的一个漫长的过程。因其形成不易，所以一旦某种习惯形成了，就具有很强的惯性，很难根除。它总是在潜意识里告诉你，这件事这样做，那件事那样做。在习惯的作用下，哪怕是做出了不好的事，你也会觉得是理所当然的。特别是在面对突发事件时，习惯的惯性作用就表现得更为明显。

比如说寻找借口。如果在工作中以某种借口为自己的过错和应负的责任开脱，第一次可能你会沉浸在利用借口为自己带来的暂时的舒适和安全之中而不自知。但是，这种借口所带来的"好处"会让你第二次、第三次为自己去寻找借口。因为在你的思想里，你已经接受了这种寻找借口的行为。不幸的是，你很可能因此形成一种寻找借口的习惯，这是一种十分可怕的消极的心理习惯，它会让你的工作变得拖沓而没有效率，会让你变得消极而最终一事无成。

努力克服找借口拖延的恶习

如果你现在已经有了找借口拖延的习惯，那么请你尽快地改掉它吧，否则你注定不会成功。那么，找借口拖延的毛病到底应该如何改正呢？我们可以试着从以下几个方面入手：

1. 大块的任务分成小块。善于化大为小，难题就好解决了。常出成绩的人大都懂得这种方法的价值。你想写两百万字的书稿吗？每天写一页，不到七个月就可完成。如果想一下子搞定，只能被目标吓倒。有了艰巨的任务，首先分解它，化成一系列小任务，再一个接一个地完成就容易多了。

2. 正视不合心意的工作。找一段时间专做不合心意的事，是磨练意志的好方法。

3. 立即动手。你的房间该打扫了吗？现在就去找工具。该交报告吗？马上拿出纸来列上几个要点。要勒令自己决不拖延，有事情及早做。

4. 利用兴致。你无意写报告，却可能有兴趣翻阅有关资料；不想修电器，却可能愿意先收集所需元件，在该办的事件中先拣有兴趣的办，让你的良好精神状态为你服务。

5. 分析利弊。对目标有意识地加以分析，看看尽快实践有什么好处，拖拉有哪些坏处，这对下定决心立即着手很有督促作用。

6. 向别人保证。请别人来督促你，会使你产生一种有益的焦虑感和时间的紧迫感，这会有效地克服拖拉。

7. 每天做结算。"明天就在眼前，学会把每一天当作礼物来对待。"把时间当作财富，你就不会再拖拉了。

8. 要有实施的勇气。勇气是克服懦弱、付诸实践的能力。潜力之所以没发挥出来，是因为自己限制了自己，缺乏突破的勇气。克服了胆怯的限制，就能充分发挥潜力。

最后，最好每天早上问自己："我面临的最大问题是什么？今天打算把它解决到什么程度？该做哪些事情？"克服了拖拉的习惯，你就会跑在时间的前面。

如果你现在还没有养成这样的坏习惯，那么借用一句古话：有则改之，无则加勉。在任何时候、任何情况下都要时刻提醒自己不要为自己的过错找借口！那样你离成功就又近了一步，你在企业心中的地位就又高了一层。

给自己的每天做一个规划

时间就是金钱，效率就是生命。提高效率对于个人来说，意味着在单位时间内可以处理更多的事情，比别人工作更出色。这不但会在企业之中证明自己的能力，提高自己的竞争力，也可以给自己的晋升奠定良好的基础。

身处企业中，必须学会提高自己的工作效率，让自己比别人表现更为出色。如果工作效率跟不上，不但得不到同事的敬重，同时也会让管理者对你敬而远之，你被淘汰的概率就会增大。

要想使自己的工作有效率，每天就必须有明确的目标。

没有明确的目标就没有做事标准，没有明确的目标就没有动力，有了目标才有了奋斗的方向，才会有为之奋斗的计划。没有明确的目标，只能是徒然分散了精力，浪费了光阴，到最后追悔莫及时还不知何故，还会慨叹：自己终日忙碌，为何命运如此地待己不公？

有一对夫妇在乡间迷了路，他们发现一位老农夫，于是停下车来问："先生，你能否告诉我们，这条路往何处去呢？"老农夫不假思索地说："孩子，如果你照正确的方向前进的话，这条路将能通往你想要去的任何地方。"这句话的意思就是，你可能已在正确的道路上，如果没有方向而站着不动，你就好像迷路了。可惜的是，一般员工大多并未具备这种理解力，他们不知道任何事情在做成功之前必须确定目标。

没有明确的目标做任何事都是徒劳的。法国有一位名叫约翰·法伯的科学家曾做过一个著名的试验，叫作"毛毛虫实验"。法伯把若干条毛毛虫放在一只花盆的边缘上，首尾相接，围成一圈，然后在离花盆不远的地方撒了一些毛毛虫喜欢吃的松叶。毛毛虫开始一条跟一条，绕着花盆一圈又一圈地走。一个小时过去了，一天过去了，毛毛虫还在不停地、坚韧地爬行。一连走了七天七夜，终因饥饿和精疲力竭而全部死去。而在这个循环的爬行过程中，只要任何一条毛毛虫稍稍与众不同，便会吃上松叶。

一个人如果像毛毛虫一样，没有明确的目标而盲目地去做事，看起来忙碌不堪，但当问他为何而忙时，他却只能摇摇头说："瞎忙。"这种人既不会成功，也不会有真正的快乐。优秀的员工只有确定自己的目标，才有可能走向成功，享受工作的乐趣，才能找到自己的事业坐标。

做事情，仅仅制定目标是不够的，同样都是有目标的人，有人成功了，有人却失败了，这就取决于这个人是否专一于他所认定的目标。体育界的专家常会告诉你，在投篮、打高尔夫球时，都是要看着目标才能取得成功。所以，优秀的员工在击中目标之前，一定要一直瞄准目标。

你可能还意识不到目标专一的力量，但它的力量却是无穷的。

英特尔公司是一家电脑芯片制造商，就因为他们把全部资源都放在制造更好的芯片上，致使这家企业在不到十年的时间里就达到比电脑处理机速度快四倍以上的能力。他们以一年快过一年的速度设计，并引进处理速度更快的芯片。英特尔之所以有这样的成就，就是因为他们专心致力于微处理机的研制工作，而不去担心其他（例如软件或数据机之类）的事情。

朗格的涂料制造企业——凯尔朗格企业——专注于工业涂料的生产。你可能从来没听说过这家企业的名字，因为他们生产的油漆和你所使用的家用油漆无关。他们生产的是可以抵抗核熔化，或涂在变压器上数年不掉色的涂料。这家企业被公认是这一行最好的涂料制造厂商，就连白宫也使用他们生产的涂料。

这样的事例举不胜举。因此，优秀的员工应该记住：做事时将注意力集中在专一目标上，这是成功的保证。

一个人做事情既要有大目标，也要有小目标，因为万丈高楼平地起，优秀的员工还必须有小的目标才能一步步走向成功。小的目标同样很重要，它能使你看到奋斗的希望，从而强化你的自信心。

很多人在制定目标时，不注意建立小的目标，他们只树立了长远目标。可随着岁月的流逝，看到实现目标的希望越来越渺茫，于是他们便放弃了自己制定的目标，这样的人往往做不成什么事。所以，在事业的起点，优秀的员工懂得确立每一个小的目标，这是极其重要的。

这样当优秀的员工达到第一个"小目标"之后，就可以准备全力以赴对付第二个"小目标"了，而此时的第二个"小目标"实际上已经大于第一个"小目标"了。以此类推，才有希望达到成功的巅峰。

山田是一位拥有出色业绩的推销员，可是他一直都希望能跻身于顶尖推销员的行列。但是一开始这只不过是他的一个愿望，他却从没真正去争取过。直到三年后的一天，他想起了一句话："如果让愿望更加现实具体，就会更快地实现。"于是，当晚他就开始设定自己希望的总业绩，然

第十二章　好员工要能做到不找借口

217

后再逐渐增加，今天提高5%，明天提高10%，结果顾客不知不觉间增加了20%。这大大激发了山田的热情。从此他不论什么状况、任何交易，都会设立一个能够快速实现的数字作为目标，并在一两个月内完成。

山田对此做得出了一个结论："以前，我不是不曾考虑过要扩展业绩、提升自己的工作成就，但是因为我从来只是想一步到达，不曾考虑是否现实，当然所有的愿望都落空了。自从我明确设定了目标，以及为了切实实现目标而设定了具体的数字和期限后，我才真正感觉到，强大的推动力正在鞭策我去达成它。

"我觉得，目标越是明确，越能感到自己对达到目标有股强烈的自信与决心。"山田说。他的计划里包括"我想得到的地位、我想得到的收入、我想具有的能力"。然后，他详细划分了实现的步骤，据此多方面积累相关的业界知识，终于在第一年的年终，使自己的业绩创造了空前的纪录。

所以，优秀的员工不仅要确定大目标、大方向，还要制定可以每天实现的小目标。每天完成一个小目标，才能不断靠近大目标，逐渐走向成功。

全神贯注才能做好事情

很多人缺乏效率，恰恰是因为他们想有更高的效率。他们常想同时做很多的事情，结果欲速则不达。在做一件事情时，用多少时间并不重要，重要的是你是否"连贯而没有间断"地去做。

有人问拿破仑打胜仗的秘诀是什么。他说："就是在某一点上集中最大优势兵力。也可以说是集中兵力，各个击破。"这句精辟的话道出了集中精力对于成功的重要性。

要想真正成功，我们必须集中精力，全神贯注。你要提高办事效率，就必须减少干扰。如果你在一个小时内集中精力去办事，这比花两个小时而被打断10分钟或15分钟的效率还要高。当你受到干扰之后，你还得花时间重新启动你的思维机器，尤其当你受到几个小时或几天的干扰之后，就更需要较长的时间来加热思维机器，这无疑对效率是有极大损害的。这也就是为什么有的人整天很忙，却总觉得自己的时间不够用。

对于很多人来说，集中精力比较难，因为他们容易受到干扰。一切都可能成为干扰：一项体育活动、热点问题、某些生活情形、与同伴的争执甚至天气等等，不一而足。比如有的人在雨天不能有效工作，是因为"阴雨天影响情绪"。如果你将自己的时间主要花在应付干扰和琐碎的事务上，你就永远无法真正驾驭自己的生活。

由于我们生活在一个复杂的社会群体之中，所以任何人都无法完全避免干扰。有的人也许要说，有很多干扰是我们拿薪水必须做的事情啊，例如和顾客谈话、答复下属的问题、接听上司的电话——这些都是分内的工作，是不能避免的啊。尽管如此，我们仍然能够尽量减少干扰。

首先，缺乏效率的人应该仔细地打量自己的工作和学习环境。精力无法集中的人，自称要消除精神疲劳、改变心情，常常会在写字台周围摆上各种不相干的玩意儿。实际上这些东西无形中也对你形成干扰，尽管是不易察觉的。这时候，办法只有一个，除了达到当前目的所必备的东西之外，不让自己看其他东西。

成功的作家都认识到集中注意的重要性。现代多产小说家之一，法国侦探小说作家乔治·西默农在写一本书的时候，就把自己完全和外界隔绝开来，不接电话，不见来访的客人，不看报纸，不看来信。正如他说的，生活得"像一名苦行僧"。在他完全沉浸于写作大约11天之后，他出来了，并完成了一本最畅销的小说。

俗话说："一箭双雕。"在某些情况下，我们同时做两件事情也是可以的。但很多勤奋的人狂热地想获得每一分钟的最大效用，时时都想同时去做几件事，这样就不太现实了。

歌德说过："有一件事是你总能预想到的，那就是不可预见之事。"干扰总会有的，我们应该学习如何对待它。多数干扰初看起来似乎比实际上要重要得多，而实际上很多干扰是我们完全能屏蔽的。

另外一些我们至少在当时可以否认，也就是说，我们完全可以心安理得地将其先搁置一旁，以后再去应付。还有一些则需要我们立即关注并腾出时间来处理。既然你总是不得不面临一些"无法预见"的燃眉之急，你应该立即采取措施。

比如，一个出租车司机，每个冬天总会由于还使用着夏季轮胎而有几次在雪天无法出车。你会如何评价他？你会说："他应该早作打算。"正如某些地区每个冬天都会下雪一样，如果我们能对可预见的情况早作打算，很多干扰就可以避免。

当然，谁也不能预见每个意外。生活不是一个完美计划的机械写照，不会完全按部就班地运行，有时会出现燃眉之急，要求我们立即处理。紧急情况出现的可能性较高，以致每周甚至每天都发生。关键在于，应该把这些干扰纳入计划，而不是让它们来瓦解计划。要么你围着干扰转，要么让干扰跟着你转。

我们应该懂得在日程表中安排一段专门处理干扰的时间。为此每天应至少应该安排两个小时。如果不出现问题，你就赢得了额外的时间。无论如何，你都不要让干扰耽误了你所计划的结果。同样，你也可以每14天安排一天专门处理干扰，或是每6个月安排3～5天。如果可能，你可以聘请某人替你处理那些可由他人代你应付的干扰。这些都是很有效的方法。

总之，我们应时刻记住，花多少时间做事情并不是最重要的，关键是做事的质量，也就是说做事时集中精力的程度是更加重要的。重视时间的长短却不重视利用它的效果是有些人经常走入的一个误区。

另外，不管是学得更快，还是干得更快，都是一个效率问题。

如何在你的日常工作和生活中，使效率得到充分的显示？最实用、最重要的方法则是——集中精力、高度投入。三心二意，心猿意马，绝不可能换来高效率，就是天才也不行。反之，有效地把精力、时间集中在当前所做的事情上，就可以产生能量聚焦效应。高度专注、高度投入，这是提高效率最简单、最有效的秘诀。

比尔·盖茨从小就精力过人，极爱思考，一迷上某事便能全身心地投入。在湖滨中学读书时，他常按自己的兴趣爱好来安排学习。比尔·盖茨在喜欢的课程上狠下功夫，学得非常棒，如数学和阅读方面。每次父母看到比尔拿回来的成绩单，尽管他们知道比尔在一些课程上会学得更好，但他们并没有拉下脸来责备他，因为他们知道这样的学习才是高效的学习，才能始终保持那种难得的专注意志，从而有利于将来创造人生的大业。

那些成功的人士，其实没有什么超人的本领，如果说有的话，他们只不过比别人更善于利用时间、管理时间。

有意识地训练自己在利用时间方面的本领，你才能从时间里找到自己更多的人生价值。

化繁为简，这样工作很轻松

效率往往就是从简化开始的。把事情化繁为简的一个关键是抓住事物的主要矛盾。永远要记住杂乱无章是一种必须改掉的坏习惯。

有这样两种类型的人：一种是善于把复杂的事物简单化，办事又快又好；另一种是把简单的事物复杂化，使事情越办越糟。当我们让事情保持简单的时候，生活显然会轻松很多。不幸的是，倘若人们需要在简单的做事方法和复杂的做事方法之间进行选择，我们中的大部分人都会选择那个复杂的方法。如果没有什么复杂的方法可以用的话，那么有些人甚至会花时间去发明出来。这也许看起来很荒谬，但真有不少这样的事。很多勤奋人就在做这样的事。

我们没有必要把自己的工作变得更复杂。爱因斯坦说："每件事情都应该尽可能地简单，如果不能更简单的话。"我们不必担心人们会让他们生活中的事情变得太简单。问题刚好相反：大部分人把他们的生活变得太复杂化，而且还总奇怪为什么他们有这么多令人头疼的事情和大麻烦。他们恰恰是那些外表看起来很勤奋的人。

有很多人沉迷于找到许多方法使个人生活和业务变得复杂化。他们在追求那些不会给他们带来任何回报的事情上浪费了大量的金钱、时间和精力，他们和那些对他们毫无益处的人待在一起。在某种程度上这简直像受虐狂。

许多人都趋于把自己的工作变得更困难和复杂。他们快被自己的垃圾和杂物活埋了，那就是他们的物质财产、与工作相关的活动、关系网、家庭事务、思想和情绪。这些人无法实现像他们所希望的那么成功，原因是他们给自己制造了太多的干扰。

把事情化繁为简的一个关键是抓住事物的主要矛盾。必须善于在纷繁复杂的事物中，抓住主要环节不放，"快刀斩乱麻"，使复杂的状况变得有脉络可寻，从而使问题易于得到解决。

同时还意味着要善于排除工作中的主要障碍。主要障碍就像瓶颈堵塞一样，必须打通，否则工作就会"卡壳"，耗费许多不必要的时间和精力。

永远要记住，杂乱无章是一种必须祛除的坏习惯。有些人将"杂乱"作为一种行事方式，他们以为这是一种随意的个人风格。他们的办公桌上经常放着一大堆乱七八糟的文件。他们好像以为东西多了，那些最重要的事情总会自动"浮现"出来。对某些人来说他们的这个习惯已根深蒂固，如果我们非要这类人把办公桌整理得井然有序，他们很可能会觉得像穿上了一件"紧身衣"那样难受。不过，通常这些人能在东西放得这么杂乱的办公桌上把事情做好，很大程度上是得益于一个有条理的秘书或助手，弥补了他们这个杂乱无章的缺点。

但是，在多数情况下，杂乱无章只会给工作带来混乱和低效率。它会阻碍你把精神集中在某一单项工作上，因为当你正在做某项工作的时候，你的视线不由自主地会被其他事物吸引过去。另外，办公桌上东西杂乱也会在你的潜意识里制造出一种紧张和挫折感，你会觉得一切都缺乏组织，会感到被压得透不过气来。

如果你发觉你的办公桌上经常一片杂乱，你就要花时间整理一下。把所有文件堆成一堆，然后逐一检视（大大地利用你的废纸篓），并且按照以下四个方面的程度将它们分类：即刻办理；次优先；待办；阅读材料。

把最优先的事项从原来的乱堆中找出来，并放在办公桌的中央，然后把其他文件放到你视线以外的地方——旁边的桌子上或抽屉里。把最优先的待办件留在桌子上的目的是提醒你不要忽视它们。但是你要记住，你一次只能想一件事情，做一件工作。因此你要选出最重要的事情，并把所有精力集中在这件事上，直到把它做好为止。

每天下班离开办公室之前，把办公桌完全清理好，或至少整理一下。而且按一定的标准进行整理，这样会使第二天有一个好的开始。

不要把一些小东西——全家福照片、纪念品、钟表、温度计，以及其他东西过多地放在办公桌上。它们既占据你的空间也分散你的注意力。

每个坐在办公桌前的人都需要有某种办法来及时提醒自己一天中要办的事项。电视演员在拍戏时，常常借助各种记忆法，使自己记住如何叙说台词和进行表演。你也可以试试。这时日历也许很有帮助，但是最好的办法可能是实行一种待办事项档案卡片（袋）制度，一个月每一天都有一个卡片（袋），再用些袋子记载以后月份待办事项（卡片）。要处理大量文件的办公室当然就需要设计出一种更严格的制度。

此外最好对时间进行统筹，比如到办公室后，有一系列事务和工作需要做，可以给这些事务和工作安排好时间：收拾整理办公桌3分钟；整理一天工作计划的安排5分钟；对关于某一报告的起草15分钟等等。

总之，那些容易把事情复杂化的人应该学会的一种能力是：清楚地洞察一件事情的要点在哪里，哪些是不必要的繁文缛节，然后用快刀斩乱麻的方式把它们简单化。这样不知要节省多少时间和精力，从而能大大提高你的效率。

表现自己的机会不能错过

在一些重要的关头，管理者也会碰到棘手的难题，如果在此关键时刻，其他同事都束手无策的时候，你却挺身而出，替领导解决燃眉之急，使问题迎刃而解，那么，你一方面显示了自己的能力，另一方面，不仅你的同事会佩服你，也会让你的上司对你另眼相看。

日常生活中，我们经常听到一些人受到诸如"关键时刻掉链子"的埋怨，这样的下属是不会受上司喜欢的。

马谡是诸葛亮手下的大将，屡立战功，也算是一位功臣，然而却留下了大意失街亭的遗憾。司马懿出兵进攻街亭这个咽喉要塞，为诸将提供了一个表现才能的好机会，马谡也瞅准了这个关键时刻主动请求把守街亭。诸葛亮深知街亭的战略意义重大，提醒道："街亭虽小，干系甚重：倘街亭有失，吾大军休矣。汝虽深通谋略，此地奈无城郭，又无险阻，守之极难。"马谡立功心切，立下军令状，但他的想法并未如愿。街亭失守，打乱了诸葛亮出岐山的计划，马谡不仅没能立功，还丢了性命。而同去的赵云、邓芝却表现甚好，没有损兵折将，还保证了军资什物的安全，深得诸葛亮的喜欢。诸葛亮亲自率领诸将出迎，见到赵云说："是吾不识贤愚，以致如此！各处兵将败损，惟子龙不折一人一骑，何也？"邓芝回答说："某引兵先行，子龙独自断后，斩将立功，敌人惊怕，因此军资什物，不曾遗弃。"诸葛亮夸奖道："真将军也！"还赏赐了赵云五十斤金，取绢一万匹赏给赵云的部卒。赵云推辞不受，诸葛亮更是倍加钦敬，叹道："先帝在日，常称子龙之德，今果如此！"

同样的紧要关头，同样的机遇，马谡把事情办砸了，赵云和邓芝却把事情办得很好，一个伤了诸葛亮的心，一个赢得了诸葛亮的赏识和敬佩，所以，关键时刻表现有很多经验值得总结。

关键时刻的难题最能考验人，所以必须具备冲上去的勇气。有的员工确实有才能，但害怕困难，或者采取事不关己高高挂起的明哲保身态度，因而不敢在紧要关头站出来，自己的才能也不会被人发现。但是，单凭满腔热情和勇气并不足够，关键时刻表现出色还必须知彼知己，方能百战不殆。马谡虽然具备了足够的勇气使他承担了守街亭的重任，但他并不了解敌我双方的情况，没有认真观察地形，同时刚愎自用，不听劝谏，于是稀里糊涂打了败仗。古语也说，没有金刚钻，不揽瓷器活。既不能正确估价自己的能力，也不能估计事情的难度，势必有很大的盲目性。马谡在估价自己时认为"某自幼熟读兵书，颇知兵法。岂一街亭不能守耶？"马谡在估价对手时放言："休道司马懿、张郃，便是曹睿亲来，又何惧哉！"马谡看了街亭地势后，还嘲笑诸葛亮多心，违背诸葛亮的交代驻军在山头上，却执意不听王平的劝告。这些失误没有理由不导致失败。如果马谡能正确分析敌我形势，也不至于到这种结局。

在知彼知己的基础上，基本上能心中有数。知己者明，知彼者智。如果认为关键时刻有把握解决好难题，就要毫不犹豫地承担下来，取得赏识。如果认为自己把握不大，也不要打肿脸充胖子，不要硬着头皮硬上，须知，推辞掉的代价并不比失败的代价大，这样做也可以把机会让给别人。

第十二章

好员工要能做到不找借口

第十三章 好员工要能做到自动自发

　　如果你是管理者，一定会希望下属能和自己一样，将企业的事当成自己的事业，更加努力，更加勤奋，更加积极主动。因此，你要想在企业内立足，成为一个企业青睐和信赖的人，你就必须学会以管理者的心态对待工作，处处为企业着想，始终为企业努力。

假如你是企业的管理者

　　绝大多数人都必须在企业中奠定自己的事业生涯。只要你还是企业中的一员，就应当抛开任何理由，投入自己的忠诚和责任。一荣俱荣，一损俱损！将自己全身心地融入企业，尽职尽责，处处为企业着想，钦佩投资人承担风险的勇气，理解管理者的压力，那么任何一个管理者都会视你为企业的支柱。

　　有人曾说过，一个人应该永远同时从事两件工作：一件是目前所从事的工作；另一件则是真正想做的工作。如果你能将该做的工作做得和想做的工作一样认真，那么你一定会成功，因为你在为未来做准备，你正在学习一些足以超越目前职位，甚至成为管理者的能力。当时机成熟，你已准备就绪了。

　　当你熟悉了某一项工作，别陶醉于一时的成就，赶快想一想未来，想一想现在所做的事有没有改进的余地。这些都能使你在未来取得更长足的进步。尽管有些问题属于管理者考虑的范畴，但是如果你考虑了，说明你正朝管理者的位置迈进。

　　如果你是管理者，你对自己今天所做的工作完全满意吗？别人对你的看法也许并不重要，真正重要的是你对自己的看法。回顾一天的工作，扪心自问一下："我是否付出了全部精力和智慧？"

如果你是管理者，一定会希望下属能和自己一样，将企业当成自己的事业，更加努力、更加勤奋、更加积极主动。因此，当你的上司向你提出这样的要求时，请不要拒绝他。

以管理者的心态对待企业，你就会成为一个值得信赖的人，一个企业乐于雇用的人，一个可能成为管理者得力助手的人。更重要的是，你能心安理得地沉稳入眠，因为你清楚自己已全力以赴，已完成了自己所设定的目标。

一个将企业视为己有并尽职尽责完成工作的人，终将会拥有自己的事业。许多管理制度健全的企业，正在创造机会使员工成为企业的股东。因为人们发现，当员工成为企业所有者时，他们表现得更加忠诚，更具创造力，也会更加努力工作。有一条永恒不变的真理：当你像管理者一样思考时，你就成为了一名管理者。

以管理者的心态对待企业，为企业节省花费，企业也会按比例给你报酬。奖励可能不是今天、下星期甚至明年就会兑现，但它一定会来，只不过表现的方式不同而已。当你养成习惯，将企业的资产视为自己的资产一样爱护，你的同事都会看在眼里。美国自由企业体制是建立在这样一种前提之下，即每一个人的收获与劳动是成正比的。

然而在今天这种狂热而高度竞争的经济环境下，你可能感慨自己的付出与受到的肯定、获得的报酬并不成比例。下一次，当你感到工作过度却得不到理想工资、未能获得赏识时，记得提醒自己：你是在自己的企业里为自己做事，你的产品就是你自己。

假设你是管理者，试着想一想你自己是那种你喜欢聘用的下属吗？当你正考虑一项困难的决策，或者你正思考着如何避免一份讨厌的差事时反问自己：如果这是我自己的企业，我会如何处理？

处处从企业利益出发

她并不好看，学历也不太高，在这家房地产企业做电脑打字员。她的打字室与老板的办公室之间隔着一块大玻璃，老板的举止她只要愿意就可以看得清清楚楚，但她很少向那边多看一眼。她每天都有打不完的材料，她知道工作认真刻苦是她唯一可以和别人一争短长的资本。她处处为企业打算，打印纸都不舍得浪费一张，如果不是要紧的文件，一张打印纸她两面都用。

一年后，企业资金运作困难，员工工资开始告急，人们纷纷跳槽，最后总经理办公室的工作人员就剩下她一个。人少了，她的工作量也陡然加重，除了打字，还要做些接听电话、为老板整理文件等杂活儿。有一天，她走进老板的办公室。直截了当地问老板："您认为您的企业已经垮了吗？"老板很惊讶，说："没有！"

"既然没有，您就不应该这样消沉。现在的情况确实不好，可许多企业都面临着同样的问题，并非只是我们一家。而且，虽然您的2000万元砸在了工程上，成了一笔死钱，可企业并没有全死呀！我们不是还有一个公寓项目吗？只要好好做，这个项目就可以成为企业重整旗鼓的开始。"说完，她拿出那个项目的策划文案交给了老板。隔了几天，她被派去搞那个项目。两个月后，那片位置不算好的公寓全部先期售出，她拿到3800万元的支票，企业终于有了起色。

以后的四年，她是企业的副总，帮着老板做成了好几个大项目，又忙里偷闲，炒了大半年股票，为企业净赚了600万元。

又过了四年，企业改成股份制，老板当了董事长，她则成了新企业的第一任总经理。老板与相恋多年的女友终于结婚了，在婚礼上，新郎（老板）一定要请她为在场的数百名企业下属讲几句话。

她说道："我为企业炒股赢利时，许多炒股高手问我是如何成功的，我说一要用心，二没私心，就是要处处为企业打算。"

确实，很多人一面在为企业工作，一面在打着个人的小算盘，怎么能让企业赢利呢？又怎么能让上司信任和器重自己呢？只有处处为企业着想，以老板的心态来对待工作，才有可能受到老板的器重。

管理者最需要的就是这样对他一心为企业着想的忠心耿耿的下属。忠心在现代社会意味着值得信任。许多管理者在挑选下属时，宁可要那些具有诚实、讲信誉，处处为企业着想的人，而不会要那些非常精明，不把企业的事当回事的人。某企业总经理说："如果我发现我的下属不为企业着想，我绝对不会重用他，甚至会辞退他。因为我认为这是对企业和我本人的不尊重。"

谨记工作中的忌讳

以管理者的心态对待工作，就必须避免以下的行为，它们是管理者最忌讳的。如果这样做的话，你可能永远都得不到提升的机会。

1.上班时处理私人事务

下属的行为是管理者评价一个下属的主要根据。如果在上班时间处理私人事务，管理者会感觉这样的人不够忠诚。尤其在企业里更是这样，因为企业是讲究效益的地方，任何投入必须紧紧围绕着产出进行。上班时处理私人事务，无疑是在浪费企业的资源和时间。

一位管理者曾经这样评价一位当着他的面打私人电话的下属："我想，他经常这样做，否则他怎么连我都不防？也许他没有意识到这有违职业道德。"

某企业的管理者说："我不喜欢看见报刊、杂志和闲书在办公时间出现在下属的办公桌上，我认为这样做表明他并不把企业的事情当回事，他只是在混日子。"

如果你暂时没有事做，为什么不去帮助那些需要帮助的同事呢？

2.过多的事假病假

管理者并非不准下属请假，作为自然人，生病总是难免的；作为社会人，事务也同样不能避免。可是在商业的原则下，管理者很不愿意下属请假，这种心态是无可厚非的。任何人当了管理者，都不希望下属经常脱离岗位。

那些爱贪便宜、出卖企业利润、不能与企业并肩作战的人当然更不用说了，管理者是绝不会长期聘用他们的。所以，你千万不要耍小聪明，以为胡乱安排一下工作就能混过去了，不要把你的上司当成傻瓜。对于那些对企业忠心耿耿的人，管理者会看在眼里，记在心里。

抱着感恩的心态工作

感恩既是一种良好的心态，又是一种奉献精神，当你以一种感恩的心态工作时，你会工作得更愉快，你的工作会更出色。当你心怀感激，忠心地为企业工作时，企业也一定会为你设计更辉煌的前景，提供更好的发展机会。

我们常常为一个陌生人的点滴帮助而感激不尽，却无视朝夕相处的同事的种种恩惠。这种心态总是让我们把企业、同事对自己的付出视为理所当然，还时常牢骚满腹、抱怨不止，也就更谈不上恪守职责了。因此，让我们学习感恩吧！这样总有一天你会被委以重任。优秀的下属要懂得感恩。虽说通过个人的勤奋和吃苦耐劳能出色地完成工作，但同时应该承认，在一个人的人生历程中，接受来自别人的帮助也是很重要的。受助和施助看起来是矛盾的，但高尚的依赖和自立自强又是统一的，一个优秀而谦虚的人往往乐于承认和接受别人的帮助。

许多成功的人都说他们是靠自己的努力而成功的。然而，无论自己的行为是多么的明智和完美，都不能不对别人心存感激。只有对别人感激才是明智的，没有感激是不能构成完美的。静下心来，想想你的每次行动，哪一次没有别人的帮助？你的工作是企业提供的，你用的工作设备、文件纸张等等都是别人提供的；你是编辑，所引用的资料和信息都是作者的……只要你有稍许的谦逊，你就会发现你身边有许多意料之外的支持，你难道不应该时刻感谢别人的恩惠吗？

感恩是美好的字眼，它不花一分钱，只要你虔诚地给予，这项投资会给你带来意想不到的收获。你的人格魅力会罩上谦逊的光彩，你无穷的智慧将被源源不断地挖掘出来，它还可以开启你神奇的力量之门。

现在越来越多的员工，常常满腹牢骚，抱怨这个不对，那个不好。在他们眼里只有自我，恩义如杂草，他们贫乏的内心不知道什么是回报。工作上的不如意，似乎是教育制度的弊端造成的。正是那种纯粹的商业交换的思想造成了许多企业管理者和下属之间的矛盾和紧张关系。

但是，没有管理者也就不会有你的工作机会，从这个意义上来说，管理者是有恩于你的。那么，为什么不告诉管理者，感谢他给你机会呢？感谢他的提拔，感谢他的努力。为什么不感激你的同事呢？感激他们对你的理解和支持，还有平时你从他们身上学到的知识。如果是这样，你的管理者也会受这样一种高尚纯洁的礼节和品质的感染，他会以具体的方式来表达他的感激，也许是更多的工资、更多的信任和更多的服务。你的同事也会更加乐于和你友好相处。

把感恩的话说出来，并且经常说出来，有一个最大的好处，就是可以增强企业的凝聚力。看看那些训练有素的推销员，遭到拒绝后，他们仍然感谢顾客耐心地聆听自己的解说，这样他就有了下一次上门的机会！即使上司批评了你，也应该感谢他给予的种种教诲。记住，永远都需要感谢！

永远不要觉得感恩是溜须拍马和阿谀奉承。与迎合他人表现出的虚情假意不同的是，感恩是真诚的，是自然的情感流露，没有什么功利性，是不求回报的。你完全没有必要惧怕他人的流言蜚语，更无须刻意地疏远领导。坦荡的感激，是清白最好的证明。你的上司有足够的聪明，能注意到你的感激是发自肺腑的。你的感激对他来说是一种认同和支持，同时也是一种鼓励。

因此，感恩并不仅仅有利于企业。对于个人来说，感恩是富裕的人生，只知道受恩则表示你的贫乏。即使你的努力和感恩并没有得到相应的回报，也不必抱怨自己什么都没有得到。同样心存感激之情吧！你从事过的工作，已经给了你许多宝贵的经验与教训。这样工作起来，你就不是在承受压力，而是在享受一种动力带来的愉快、自然的心情。

懂得感恩应该成为一种普遍的社会道德。得到了晋升，你要感谢上司的独具慧眼，感谢他的赏识；失败的时候，你不妨对上帝给了你一次锻炼的机会而心存感激。

对于忘恩负义的人来说，对别人的帮助往往是感觉不到的。但是，你若要在工作中得到更多，就应该时刻记住：你拿的薪水就像你喝的水！即使挖井人不图你的回报，你也应该有个感恩的态度，至少在适当的时候表

第十三章　好员工要能做到自动自发

237

示你的感谢。最终你会发现，这种知恩图报的回报大大超出你的想象。

树立正确的工作价值观

健康的心态是事业成功的前提。要想成为一名优秀的员工，就必须对自己的心态有严格的要求，应当学会控制自己的情绪，培养健康的心态，拥有正确的价值观，把精力投入到工作和事业中去。在困难和挑战面前表现出好的心态，表现出坚定信念，既是企业对员工的要求，也是员工能有所作为的关键因素。

我们无时无刻不在展现我们的心态，无时无刻不在表现希望或担忧。我们的声望以及他人对我们的评价，与我们自己的自信有很大的关联。如果我们自己都缺乏自信，那么别人不可能相信我们，如果别人因为我们的思想经常表现出消极软弱而认为我们无能和胆小，那么，我们将不可能被提升到一些责任重大的高级职位上去。

拥有健康的心态首要是要树立正确的价值观。

每个人都必须知道他到底要的是什么，他最想要的是什么，他第二想要的是什么。

要想成为一名优秀的员工，必须在这一点上对自己有更高的要求，必须拥有一个正确的价值观。

价值观是人们对人生价值总的、根本的看法。价值观评价的标准是对社会发展和人类进步是否有利。对我们个人而言，正确的价值观就是在符合法律、社会道德规范的前提下，充分发挥自己的主观能动性，创造尽量多的社会财富，并在此过程中，实现自己的人生理想，为社会的稳定和发展做出自己的贡献。

要使生活有意义，生命有价值，我们必须作出正确的人生价值目标的选择，而这个正确的目标就是正确对待个人利益与社会利益的关系，把个人利益和社会利益结合起来，在为社会谋利益、为人民服务中实现个人利益，又以个人的发展和完善去促进社会的发展。人们所从事的事业不下千百种，但不论人们选择了什么样的事业目标，只要是选择了正确的价值目标，个人的生活事件就有一以贯之的"灵魂"，没有价值目标的人生，是庸碌的人生、盲目的人生。错误的人生价值目标则把人生导向错误的方向，必然受到客观标准的限制，直至社会的惩罚。

每一个人都应有正确的、崇高的价值观。为崇高的价值目标奋斗，既是为社会的美好也是为个人的美好而奋斗。美好的社会条件、丰富的物质生活条件都不是从来就有的，而是人们劳动创造的结果。人格的崇高、人品的至善也不是先天就有的，而是在后天的实践中养成的。个人在社会的完善过程中完善自我，也就是价值观的实现。当然，这一社会完善和个人的完善过程是永远不会完结的。价值观的实现，不论从个人还是从人类总体来看，都是无止境的。无止境的追求，这就是人生价值之真谛。作为一名优秀员工，真正的价值是要为企业获取应有的社会效益和经济效益。

为了要做到这一点，优秀员工必须要有正确的价值观。也就是人家时常问："一生当中到底什么对你才是最重要的？"也许你的价值观看起来不是那么光辉四射，但那也是你的价值取向。只要你觉得正确，符合法律和社会道德规范，对社会的稳定和发展不会有阻碍，那么，这就是你的正确的价值观。

四年前，小李刚从北京某名牌大学毕业。那时候对他而言，最重要的是成功。事实上现在这个想法有了很大改变，他现在觉得健康是最重要的。如果他不健康的话，铁定不能很好地去工作，更谈不上有工作的激情，也同时会影响他工作以外的部分。因此，他觉得健康对他而言应该是最重要的。

每一个人的工作都是很重要的。他的工作就是要完成他工作上的使命，就是要为社会做有贡献的事情。同时他觉得休闲娱乐也是非常重要的，所以他会去看电影，他会去看书，他会去游泳，去上些课程帮助自己放松。他觉得人生不应该每天过得很紧张，他必须要努力，同时他必须要很轻松地过他想要过的生活。他觉得这是成功的第一步，也就是明确个人的价值体系。

价值观对我们来说是重要的事情，它是一种感觉，用形容词来表示如健康、快乐、安全、感恩、幸福、进步等。人生的价值观和思想都表现在行动上，改变价值观和信念，我们才会有好的行动力。

学会控制你的工作情绪

一位哲人说："上帝要毁灭一个人，必先使他疯狂。"你如果要成为企业的优秀员工，你要注意了：控制情绪。应当学会控制自己的情绪，把精力投入到冷静的思考中去。事业的成功在很大程度上依赖于情绪控制和严格自律。懂得自制是事业成功的前提。

从前有一个人提着网去打鱼，不巧这时下起了大雨。这个人非常生气："天气太讨厌了，早不下雨，晚不下雨，偏偏在我去打鱼的时候下。"于是一赌气将网撕破了，撕破了渔网还无法消除他心中的怨气，他又气恼地一头栽进池塘，没想到却再也没有爬上来。多么可悲的傻瓜，怒火吞噬了他自己，他本可以等天晴了再去打鱼，下雨天反而可以好好休息一下，整理一下渔网。

1980年美国总统大选期间，里根在一次关键的电视辩论中，面对竞选对手卡特对他当演员时期的生活作风问题发起的蓄意攻击，他丝毫没有愤怒的表示，只是微微一笑，诙谐地调侃说："你又来这一套了。"一时间引得听众哈哈大笑，反而把卡特推入尴尬的境地，从而为自己赢得了更多选民的信赖和支持，并最终获得了大选的胜利。

不能很好地调整和控制自己情绪的人，结果是把工作越弄越糟，自己也受到了伤害，成了情绪的奴隶。

在20世纪60年代早期的美国，有一位很有才华、曾经做过大学校长的人，参加美国中西部某州的议会议员竞选。此人资历很高，又精明能干、博学多识，看起来很有希望赢得选举的胜利。但是，在选举的中期，有一个很小的谣言散布开来：三四年前，在该州首府举行的一次教育大会期间，他跟一位年轻女教师有那么一点暧昧的行为。这实在是一个弥天大谎，这位候选人对此感到非常愤怒，并尽力想要为自己辩解。由于按捺不住对这一恶毒谣言的怒火，在以后的每一次集会中，他都要极力澄清事实，以证明自己的清白。

其实，大部分的选民根本没有听到过这件事，但是，现在人们却愈来愈相信有那么一回事，真是愈抹愈黑。公众们振振有词地反问："如果你真是无辜的，为什么要百般为自己狡辩呢？"如此火上浇油，这位候选人的情绪变得更坏，也更加气急败坏、声嘶力竭地在各种场合为自己洗刷，谴责谣言的传播。然而，这却更使人们对谣言信以为真。最悲哀的是，连他的太太也开始转而相信谣言，夫妻之间的亲密关系被破坏殆尽。最后他失败了，从此一蹶不振。

很难想象，一个喜怒无常的员工能做出什么大的成绩，因为他被坏情绪包围，无法集中精力、全心投入去做一份工作，而且还会因此而毁了自己的工作和生活。

人们遇到挫折时，愤怒是最容易办到的事，但也是最不明智的做法。相反，如果能转换情绪，冷静地多问、多思考自己之所以不成功的原因，你就会成为一个真正发掘自己强项的成功者。

你的情绪会给你带来推动力，而这股推动力很可能就是使你将决定转变为具体行动的力量。你如果控制和引导你的情绪，它就会给你带来信心和希望；而如果你压抑或者摧毁你的情绪，那失败就会不请自来。所有的情绪都是一种心理状态，也是你能掌握的对象。自律和自制就是最好的武器，它会使你自己成为情绪的主宰，对逆境应对自如，从而以平静之心敏感地捕捉成功的机会。一个优秀的员工，一个有志于成为企业支柱的下属，懂得如何控制自己的情绪，展现自己最适合的表情给别人，这是一种气度，更是一种魅力。

以平和的心态工作和生活

　　优秀的员工一定要有好的心态，才能勇敢地迎接困难和挑战，走向成功的彼岸。我们无时无刻不在展现我们的心态，无时无刻不在表现希望或担忧。我们的声望以及他人对我们的评价，与我们自己的自信有很大的关联。如果我们自己都缺乏自信，那么别人不可能相信我们，如果别人因为我们的思想经常表现出消极软弱而认为我们无能和胆小，那么，我们将不可能被提升到一些责任重大的高级职位上去。

　　如果我们展示给人的是一种自信、勇毅和无所畏惧的印象，如果我们具有那种震慑人心的自信，那么，我们的事业就可能会获得巨大的成功。

如果我们养成了一种具有必胜信心的习惯，那人们就会认为，我们比那些丧失信心或那些给人以软弱无能、自卑胆怯印象的人更有可能赢得未来，更有可能成为一代富有者。换句话说，自信和他信几乎同等重要，而要使他人相信我们，我们自身首先必须展现自信和必胜的精神。

以胜利者的心态生活的人，以征服者的心态生活在世界上的人，与那种以卑躬屈膝、唯命是从的被征服者的心态生活的人相比，与那种仿佛在人类生存竞赛中遭到惨败的人相比，是有很大区别的。

将比尔·盖茨这样每个毛孔都热力四射、总给人以朝气蓬勃、能力超凡印象的人，与那种胆小怕事、自卑怯懦、总是表现得软弱无能、缺乏勇气与活力的人比较一下吧！他们的影响有多么大的不同啊！世人都珍爱那种具有胜利者气度，给人以必胜信心和那种总是在期待成功的人。

包玉刚一条破船闯大海，当年曾引起不少人的嘲笑。包玉刚并不在乎别人的怀疑和嘲笑，他相信自己会成功。他抓住有利时机，正确决策，不断发展壮大自己的事业，终于成为雄踞"世界船王"宝座。他所创立的"环球航运集团"，在世界各地设有二十多家分公司，曾拥有两百多艘载重量超过2000万吨的商船队。他拥有的资产达50亿美元，曾位居香港十大财团的第三位。

包玉刚不是航运家，他的父辈也没有从事航运业的。中学毕业后，他当过学徒、伙计，后来又学做生意。30岁时曾任上海工商银行的副经理、副行长，并小有名气。31岁时包玉刚随全家迁到香港，他靠父亲仅有的一点资金，从事进口贸易，但生意毫无起色。他拒绝了父亲要他投身房地产的要求，表明了欲从事航运的打算，因为航运竞争激烈，风险极大，亲朋好友纷纷劝阻他，以为他发疯了。

但是包玉刚却信心十足，他看好航运业并非异想天开。他根据在从事进出口贸易时获得的信息，坚信海运将会有很大的发展前途。经过一番认真分析，他认为香港背靠内地、通航世界，是商业贸易的集散地，其优越的地理环境有利于从事航运业。37岁的包玉刚正式决心搞海运，他确信自己能在大海上开创一番事业。于是，他抛开了他所熟悉的银行业、进口贸易，投身于他并不熟悉的航海业，当时人们对他的举动纷纷讥笑讽刺。的确，对于穷得连一条旧船也买不起的外行，谁也不轻易把钱借给他，人们根本不相信他会成功。他四处借贷，但到处碰壁，尽管钱没借到，但他经营航运的决心却更加强了。后来，在一位朋友的帮助下，他终于贷款买来一条20年航龄的烧煤旧船。从此，包玉刚就靠这条整修一新的破船，挂帆起锚，跻身于航运业了。

包玉刚的平地崛起，令世界上许多大企业家为之震惊：他靠一条破船起家，经过无数次惊涛骇浪，渡过一个又一个难关，终于建起了自己的王国，结束了洋人垄断国际航运界的历史。回顾一下他成功的道路，他在困难和挑战面前所表现出的坚定信念，对我们每个人都有所启发。

在困难和挑战面前表现出好的心态，表现出坚定信念，是企业对优秀员工的要求。如果你希望在企业中有所作为，成为企业不可或缺的员工，那么你的心态准备好了吗？

第十四章 好员工要能做到精诚团结

　　优秀的员工要想成大事，必须学会合作，这样才可以弥补自己的不足，形成一股合力，掌握这种能力，才能让自己的事业不断向前。优秀的员工如果能主动加强与同事间的合作，巧妙凭借集体的力量完成任务，前途将一片光明。

与人合作才能把事情做好

作为一个企业的个体，只有把自己融入到整个团队之中，凭借整个集体的力量，才能把自己所不能完成的棘手问题解决好。这样才有可能让自己获得成功，并引起企业的充分重视。团队协作沟通几乎是一个古老的话题，所有在企业服务的员工都会接受到这方面的教育。下面的一个调查对我们有很大的启示。

成功者的道路有千千万万，但总有一些共同之处。在"杰出员工的童年与教育"调查中，专家发现，杰出员工大多数是善于与他人团结协作的人，团结协作是许多成功人士的共同特性。

与人合作是一件快乐的事情，有些事情人们只有互相合作才能做成，凭一人之力是不能完成的。美国加利福尼亚大学副教授查尔斯·卡费尔德对美国1500名取得了杰出成就的人物进行了调查和研究，发现这些有杰出成就者有一些共同的特点，其中之一就是与自己而不是与他人竞争。他们更注意的是如何提高自己的能力，而不是考虑怎样击败竞争者。事实上，对竞争者的能力（可能是优势）的担心，往往导致自己击败自己。多数成就优秀者关心的是按照他们自己的标准尽力工作，如果他们的眼睛只盯着竞争者，那就不一定能取得好成绩。

帮助别人就是加强自己，帮助别人也就是帮助自己，别人得到的并非是你自己失去的。在一些人固有的思维模式中，一直认为要帮助别人自己就要有所牺牲，别人得到了自己就一定会失去。比如你帮助别人提了东西，你就可能耗费了自己的体力，耽误了自己的时间。

　　其实很多时候帮助别人，并不就意味着自己吃亏。下面的这个故事就生动地阐释了这个道理：

　　有一个人被带去参观天堂和地狱，以便比较之后能聪明地选择他的归宿。他先去看了魔鬼掌管的地狱，第一眼看上去令人十分吃惊，因为所有的人都坐在酒桌旁，桌上摆满了各种佳肴，包括肉、水果、蔬菜。

　　然而，当他仔细看那些人时，他发现没有一张笑脸，也没有伴随盛宴的音乐或狂欢的迹象，坐在桌子旁边的人看起来沉闷、无精打采，而且皮包骨。这个人发现每人的左臂都捆着一把叉，右臂捆着一把刀，刀和叉都有四尺长的把手，个人不能吃到食物。所以即使每一样食品都在他们手边，结果他们还是吃不到，一直在挨饿。

　　然后他又去了天堂，景象完全一样：同样食物、刀、叉和那些四尺长的把手，然而，天堂里的居民却都在唱歌、欢笑。这位参观者困惑了一下。他疑惑为什么情况相同，结果却如此不同。在地狱的人都挨饿而且可怜，可是在天堂的人都吃得很好而且很快乐。最后，他终于看到了答案：地狱里每一个人都试图喂自己，可是四尺长把手的刀叉根本不可能吃到东西；天堂上的每一个人都是喂对面的人，而且也被对方的人所喂，因为互相帮助，结果帮助了自己。

　　这个启示很明白。如果你帮助其他人获得他们需要的东西，你也会因此而得到想要的东西，而且你帮助的人越多，你得到的也越多。

　　优秀的员工在个人生活和职业生活中是否成功，取决于与他人合作得如何。合作一词指在群体环境中普遍发生的社会关系。群体，一般被定义为一起工作以实现共同目标的一群人。群体的成员互相作用，彼此沟通，在群体中承担不同的角色，并建立群体的同一性。

有些人较之其他人是更有效的群体成员。群体的成功要涉及一系列复杂的思考和语言能力，而这些能力正是许多人所没有系统掌握或完全拥有的。那些在社交方面很成熟的人，他们极容易适应任何的群体环境，能与许多不同的个体进行友好的交谈，与他人和谐地、富有成效地共事，用清楚和有说服力的观点影响群体，有效地克服群体的紧张和自我主义，鼓励群体成员守信，创造性地工作，并能使每一个人集中精力，朝着共同的目标前进。与他人合作比单独工作有许多好处，首先，群体成员具有不同的背景和兴趣，这可以产生多样化的观点，实际上，与他人合作可以产生出任何个人只靠自己所无法具有的创造性思想。此外，群体成员互相提供帮助和鼓励，每个人都能贡献出他独特的技能，团体的一致性和认同感激励着团体成员为实现共同的目标而努力奋斗，这是一种"团队精神"，它能使每个人都最大限度地实现自己。

提高团队合作精神

优秀的员工作为一个企业的个体，只有把自己融入到整个团队之中，凭借整个集体的力量，才能把自己所不能完成的问题解决好。当你来到一个新的企业，你的上司很可能会分配给你一个你难以独立完成的工作。上司这样做的目的就是要考察你的合作精神，他要知道的仅仅是你是否善于合作，勤于沟通。如果你一声不响，一个人费劲地摸索，最后的结果很可能是死路一条。明智且能获得成功的捷径就是充分借用团队的力量。

现代年轻人在工作中普遍表现出的自负和自傲，使他们在融入工作环境方面显得缓慢和困难。他们缺乏团队合作精神，不愿和同事一起想办法，每个人都会做出不同的结果，最后对企业毫无益处。

事实上，个人的成功不是真正的成功，团队的成功才是最大的成功。对员工来说，谦虚、自信、诚信、善于沟通、富有团队精神等一些传统美德是非常重要的。团队精神在一个企业、在一个人的事业发展中都起着举足轻重的作用。

那么，优秀的员工如何才能加强与同事间的合作，提高自己的团队合作精神呢？

1. 要善于沟通。同在一个企业工作，你与同事之间会存在某些差异，知识、能力、经历的不同会造成你们在对待工作时产生不同的想法。交流是协调的开始，把自己的想法说出来，听听对方的想法，优秀的员工要经常说这样一句话："你认为这事该怎么办，我想听听你的想法。"

2. 要平等互助。即使你各方面都很优秀，即使你认为自己以一个人的力量就能解决眼前的工作，也不要显得太狂傲。要知道还有以后，以后你并不一定能完成一切。还是做个朋友吧，平等地对待对方。

3. 要乐观自信。即使是遇上了十分麻烦的事，也要乐观，优秀的员工要对你的伙伴们说："我们是最优秀的，肯定可以把这件事解决好，如果成功了，我请大家喝一杯。"

4. 要勇于创新。"一加一大于二"，你应该让它得数更大。培养自己的创造能力，不要囿于常规，安于现状，试着发掘自己的潜力。优秀的下属除了能保持与人合作以外，还需要所有的人乐意与你合作。

5. 要善待批评。请把你的同事和伙伴当成你的朋友，坦然接受他们的批评。一个对批评暴跳如雷的人，每个人都会敬而远之的。

在同一个办公室里，同事之间有着密切的联系，谁都不能脱离团队单独地生存。依靠团队的力量，做合适的工作并成功者，不仅是个人的成功，同时也是整个团队的成功。相反，明知自己没有独立完成的能力，却被个人欲望或感情所驱使，去做一份根本无法胜任的工作，那么失败一定不可避免。而且还不仅是你一个人的失败，同时也会牵连到周围的人，进而影响到整个企业。

由此不难看出，一个团队、一个集体对一个人的影响不可谓不大。善于合作，有优秀团队意识的人，整个团队也能带给他无穷的收益。优秀的下属要想在工作中快速成长，就必须依靠团队、依靠集体的力量来提升自己。

团结就是力量

优秀的员工要想在工作中获得成功，必须学会合作，一方面可以弥补自己的不足，另一方面可以形成一股合力。所以，合作能力常比个人的能力重要得多。

一家企业招聘高层管理人员，九名优秀应聘者经过初试，从上百人中脱颖而出，闯进了由企业老总亲自把关的复试。老总看过这九个人详细的资料和初试成绩后，相当满意，但是，此次招聘只能录用三个人，所以，老总给大家出了最后一道题。

老总把这九个人随机分成甲、乙、丙三组，每组三人，指定甲组去调查本市婴儿用品市场；乙组调查妇女用品市场；丙组调查老年人用品市场。老总解释说："我们录取的人是用来开发市场的，所以，你们必须对市场有敏锐的观察力。让你们调查这些行业，是想看看你们对一个新行业的适应能力，每个小组的成员务必全力以赴！"临走的时候，老总补充道，"为避免大家盲目开展调查，我已经叫秘书准备了一份相关行业的资料，走的时候自己到秘书那里去取！"

三天后，九个人都把自己的市场分析报告送到了老总那里。老总看完后，走向丙组的三个人，分别与之一一握手，并祝贺道："恭喜三位，你们已经被本公司录取了！"然后，老总看见大家疑惑的表情，呵呵一笑，说："请大家打开我叫秘书给你们的资料，交换看看。"原来，每个人得到的资料都不一样，甲组的三个人得到的分别是本市婴儿用品市场过去、现在和将来的分析，其他两组的也类似。老总说："丙组的三个人很聪明，互相借用了对方的资料，补全了自己的分析报告。而甲、乙两组的六个人却分别行事，抛开队友，自己做自己的。我出这样一个题目，其实最主要的目的，是想看看大家的团队合作意识。甲、乙两组失败的原因在于，他们没有合作，忽视了队友的存在。要知道，团队合作精神才是现代企业成功的保障！"

第十四章 好员工要能做到精诚团结

合作在这里指的是双方合作。优秀的员工要想成大事，必须学会合作，这样才可以弥补自己的不足，形成一股合力。掌握了这种能力，才能让自己的事业不断向前。优秀的员工如果能主动加强与同事间的合作，巧妙凭借集体的力量完成任务，企业就会对你高看一眼，从而培植你、提拔你，你的前途将一片光明。所以说合作是成功的保障实不为过。

学会与他人合作的策略

雷特是格里莱办的《纽约论坛报》的总编辑，身边正缺少一位精明干练的助理。他的目光瞄准了年轻的约翰·海，他需要约翰帮助自己成名，帮助格里莱成为成功的出版家。而当时约翰刚从西班牙首都马德里解除外交官职，正准备回到家乡伊利诺伊州从事律师职业。

雷特看准了约翰是把好手，可他怎样使这位有为的青年放弃自己的计划而在报社里就职呢？雷特请他到联盟俱乐部去吃饭。饭后，他提议请约翰·海到报社去玩玩。从许多电讯中间，他找到了一条重要消息。那时恰巧国外新闻的编辑不在，于是他对约翰说："请坐下来，为明天的报纸写一段关于这条消息的社论吧。"约翰自然无法拒绝，于是提起笔来就写。社论写得很棒，格里莱看后也很赞赏。于是雷特请他再帮忙顶缺一星期、一个月，渐渐地干脆让他担任这一职务。约翰就这样在不知不觉中就放弃了回家乡做律师的计划，而留在纽约做新闻记者了。

雷特凭着这一策略，猎获了他物色好的人选，而约翰在试一试、帮朋友忙的动机下，毫无压力、兴致很高地扭转了他人生航船的方向。事前，雷特一点也没表明他的意思，他只是劝诱约翰帮他赶写一篇小社论，而事情很圆满地成功实现了。由此可以得出一条求人的规律，那就是：央求不如婉求，劝导不如诱导。

在运用这一策略的同时，要注意的是：诱导别人参与自己的事业的时候，应当首先引起别人的兴趣。

当你要诱导别人去做一些很容易的事情时，先得给他一点小胜利。当你要诱导别人做一件重大的事情时，你最好给他一个强烈刺激，使他对做这件事有一个要求成功的需求。在此情形下，他的自尊心被激发起来了，他已经被一种渴望成功的意识刺激着到了。于是，他就会很高兴地为了愉快的经验再尝试一下了。

凡是优秀的员工，都要懂得这是使人合作的重要策略。但有时候，常常要费许多心机才能运用这个策略，有时候又很简单。像雷特猎获约翰一例，他只是稍许做了些安排。

总之，优秀的员工要引起别人参与你的计划的兴趣，必须诱导他们先尝试一下，可能的话，不妨使他们先从一些容易的事入手。这些容易成功的事情在他们看来，往往是一种令人兴奋的真正的成功。

与同事一起携手并进

　　每位员工进了企业就都是同事，千万不可互相拆台，一定要在互相帮助中进取。如果人与人相互关心爱护，天涯可化作咫尺；若是人与人之间只剩下冷漠，咫尺也可变为天涯。

　　俗话说：百年修得同船渡。能成为同事即是一种缘，共同合力谋事，长期相处，谁都会遇到沟沟坎坎，所以，能帮人处且帮人，同事遇到困难寻求帮助时，不妨伸出热情的双手，真诚地助人一臂之力，这样在不知不觉中为自己存下一份善果。

　　劳德与布克同时进入某企业，两个人同样有较强的工作能力，无论上司交给他俩什么任务，他俩都能非常漂亮地完成。为此，两人经常受到上司的表扬。但是，在同事之中，他们俩却有不同的地方：大家都喜欢劳德，有点什么事总是找他帮助，而劳德也的确为大家做了许多事，因为他谦让又有能力，与大家非常合得来；而布克则不同，虽然他也能办许多事，但大家都有意无意地疏远他，有什么事也不会找他帮忙，因为布克这个人个性有些高傲，喜欢离群独居。

　　布克也意识到了这种差别，但他并不想改变这种状态，他以为这样很好。无论同事们怎么对自己，上司总还是喜欢自己的。有上司撑腰，他不必总是顾虑再三。况且这样也不错，他可以按照自己的个性安排一切，不必受别人不必要的影响。而且，从心底来说，布克有些看不起劳德。布克认为劳德那种谦让态度十分虚伪，是一种做作的表现，很俗。当然，布克并没有把自己的这种感觉表现出来，他认为无论劳德怎么做，都是人家自己的事，别人不应该干涉他。可见，布克也是具有一定的容人之量的，但可惜他没有表现出来。

就在布克按照自己的个性生活的时候，上司说上级有指示，要在他们这一帮人中选一名宣传干事。而且这次有明确指示，一定要坚持选举。面对这样一个好机会，布克从心底认为自己应该去，因为他不但喜欢这份工作，而且坚信自己一定能干好，绝对不会辜负上司的期望。但是，听说这次不是上司任命，而是直接选举，他的心真的有些凉了。他明白凭自己的"人缘"，自己绝不是劳德的对手，况且劳德在搞宣传方法上也有其独到的能力。布克认识到了这种差距，但他不是一个小肚鸡肠的人，即使明白自己有不足，他也要进行一番公平竞争。

结果正如他所预料的那样，劳德几乎以全票得到了这个职位。其实要是布克去了，工作照样能做好。一个本来平等的机会，结果由于两者个性的不同而导致了巨大的差异。这个教训值得优秀员工仔细思索。

对待同事，既不能漠不关心、不闻不问，更不能拉帮结派，那样只能害了自己。优秀员工要想有一帮适合自己开展工作的好同事，就必须真心帮助他们，在谦和中充分展露自己的个性。

事事为大家着想，处处关心他人也许在平时并不显眼，而且似乎还处于一种被动地位，有些人就是不愿意干。从劳德的例子来看，那样未免有些短视了。像劳德这样的人，在平时就已经为自己日后的发达打下了基础，到时候只要有机会，就可以水到渠成了。大家的眼睛是雪亮的，不会视而不见。况且你这样做本来就是为了让别人看见，只要你在企业中有人气，就等于你事业的发展与壮大有了一个坚实而稳固的大后方。优秀的员工一定要学会这一点。

和同事相处的细节要谨记

同事之间，对于工作问题上的不同意见和看法，完全可以直言不讳地进行讨论、争议和协商处理，因为有一整套有关工作的组织制度在制约着双方，所以，同事之间一般不会因为工作问题上的争议而相互嫉恨、彼此隔阂。但是，仍有一些与工作有关联的琐碎、具体事情，需要优秀的员工很好地对待和处理。

1.与同事友好相处

人人有个性，但不管如何小心谨慎，总会有同事与你产生矛盾。工作上还不得不和他们打交道。

仔细观察，彼此的共同点还是不少的，但往往会因一些小事起争端，一经引燃后，演变成不共戴天的对立。话说回来，就算跟你合不来的人，也不可以认定对所有事物你们的观点都不合。

如果只看到同事坏的一面，那着实太可悲，同事之间本来就该彼此肯定并且欣赏对方的优点。过分苛刻地探讨人的异同，你的周围就会充满敌人。只要你心中尚怀着成见，马上就会表现在你的话语及态度上。原来，这么多跟你合不来的同事，其实都是自己心理作祟。

所谓工作，必须以人为媒介才能发生，而企业正是集结了许多相关者以便提高效率的地方，你不与同事合作就行不通。只要你先放下心中的芥蒂，避免无意义的争论，即使听到不中听的话也别放在心上，不要让成见占据你的心头，你就不会不愿与同事合作了。

2.对男同事多关心和理解

许多人往往认为男同事应该豪迈大方，有"男子汉气概"，所以一旦遇到男同事焦躁不安、借题发挥的情景，就会感到十分惊讶，并认为他是一位心胸狭窄的人。这种想法是错误的。因为一个对工作十分努力、殚精竭虑的人，如果没有达到理想的目标，比如眼看可以签订正式合同却在商谈中失败时，往往会很颓丧，感到懊恼。有些年轻男士遇到这种情况，常会把苦闷、懊恼发泄出来，以求得心理上的平衡。在这种情况下，作为同事的好伙伴，一定要表示你的理解和关心，只有这样做，才会改进和完善与男同事之间的关系。

3.对女同事多帮助和体贴

女同事在工作上遇到困难时，往往需要别人的体谅和帮助。比如一位女同事边看表边叹息说："要是不加班的话，今天的工作就完不成了。"这时你不妨伸出援助之手，使对方感到有依靠，减轻思想负担，提高工作效率。这次你伸出援助之手，下次当你碰到困难时，她必定会跑过来帮你的忙。这是一种在工作中互相协作的精神，应当发扬光大。

4.对同事的错误坦诚相告

改进、完善与同事之间的关系，当然不仅仅要在理解与关心对方等方面做文章，在遇到原则性问题，尤其是察觉同事有犯错误的倾向时，一定要坦诚相告，直言不讳地提醒。有些人往往担心，这样做会不会撕破情面，造成关系恶化呢？犹豫不决，结果可能带来不可避免的重大错误和损失。所以，优秀的员工要做到：不论同事是年长的前辈，还是同龄人，一旦发觉其有犯错误的倾向时，用不着多考虑，直截了当地指出来，以期尽快纠正。实际上，说出真心话，是对同事的信任、爱护和关心，不但可以使企业避免重大损失，而且可以使同事避免"一失足成千古恨"。

5.把工作放在首位

工作能被同事们所关心，这是每一个人的希望。在工作中，衡量优秀员工是否受到周围人喜欢的标准，并不在于你如何笑容可掬、无事套近乎和装出一副惹人喜欢的模样，而在于你如何对待工作，任务完成得如何，效率是否达到预期标准，是否经常有合理的意见和建议，是否经常为企业和周围的人着想等等。所以，在工作中，大可不必为了得到周围人的喜欢而放下手中工作，一味想方设法取悦于人、专事多余的工作。优秀的员工只有认真工作、奋发努力、积极向上，才能进一步获得周围人的喜欢和尊重。

第十五章 好员工要能做到创新学习

　　创新对于企业有着非常重大的意义。俗话说："流水不腐，户枢不蠹。"对于员工来说只有具备创新的能力，才能在企业中拥有稳定的地位，受到重视。

创新贯穿于工作的始终

创新对于员工的意义，如同新鲜的空气之于生命。员工应该不断在思想上、观念上、技术上、知识上创新，才能确保在企业拥有自己的一席之地。

有很多员工工作很勤奋，但缺乏创造性，没有创新精神，这样的人即使付出了很多的努力，却往往赶不上具有创造性的人的一个金点子。从这个意义上讲，劳动与回报不一定是成正比的。但你能因此说世界不公平吗？

创新应该贯穿工作、生活的始终。但是，在日常工作中，更需要下属创新。从细微的事情开始创新，逐步培养自己的创新意识，进而培养整个部门乃至整个企业的创新文化。在日常工作中，我们每天都在呼唤着创新，希望运用创新来改变前途，那么究竟什么是创新呢？

一个低收入的家庭订出一项计划，使孩子能进一流的大学，这就是创新；一个家庭设法将附近脏乱的街区变成邻近最美的地区，这也是创新；想法子简化资料的保存，或向"没有希望"的顾客推销，或让孩子做有意义的活动，或使员工真心喜爱他们的工作，或防止一场口角的发生，这些都是很实际的、每天都会发生的创新实例。

什么叫创新，《伊索寓言》里的一个小故事给了我们一个形象的解释。

一个风雨交加的日子，有一个穷人到富人家讨饭。

"滚开！"仆人说，"不要来打搅我们。"

穷人说："求求你让我进去，我只想在你们厨房的火炉上烤干衣服而已。"仆人以为这不需要花费什么，就让他进去了。

突然，这位穷人请求厨娘给他一个小锅，以便他"煮点石头汤喝"。

"石头汤？"厨娘说，"我想看看你怎样能用石头做成汤。"于是她就答应了。穷人到路上拣了块石头洗净后放在锅里煮。

"可是，你总得放点盐吧。"厨娘说，于是她给了他一些盐，后来又给了豌豆、薄荷、香菜。最后，又把收拾到的碎肉末都放在汤里。

当然，你也许能猜到，这个可怜人后来把石头捞出来扔在路上，美美地喝了一锅肉汤。如果这个穷人对仆人说"行行好吧！请给我一锅肉汤"，那么他的下场肯定是被轰走。因此，伊索在故事结尾处总结道："坚持下去，方法正确，你就能成功。"

创新并不是天才的专利，创新只在于找出新的改进方法。任何事情，只要能找出把事情做得更好的方法，就能取得更大的成功。接着，我们来看看怎样发展、加强创新能力。培养创新能力的关键是要相信能把事情做好，要有这种信念，才能使你的大脑运转，去寻求把事情做得更好的方法。

当你相信某一件事不可能做到时，你的大脑就会为你找出种种做不到的理由。但是，当你相信——真正地相信，某一件事确实可以做到，你的大脑就会帮你找出能做到的各种方法。人们为了取得对陌生事物的认识，总要探索前人没有运用过的思维方法，寻找没有先例的办法和措施去分析认识事物，从而获得新的认识和方法，用以锻炼和提高人的认识能力。创新就是不满足人类已有的知识经验，努力探索客观世界中尚未被认识的事物规律，从而为人们的实践活动开辟新的领域，打开新的局面。没有创新能力，没有勇于探索和创新的精神，人类的实践活动就只能停留在原有水平上，人类社会就不可能在创新中发展，在开拓中前进，人们所从事的事业就必然陷入停滞甚至倒退的状态。

好员工的可贵之处在于具有创新能力。一个有所作为的人只有通过创新，才能为人类做出自己的贡献，才能体会到人生的真正价值和真正幸福。创新能力在实践中的成功，更可以使人享受到人生的最大幸福，并激励人们以更大的热情去积极从事创新，实现更大的人生价值。

培养自己的创新能力很重要

我们每个人都可能成为具有创新能力的人，关键是看我们有没有创新的观念和意识，能否掌握创新的思维方法和运用创新的基本方法。

人人都懂得创新的重要性。尤其是在今天，科学技术不断更新、人与人之间的竞争越加激烈、个人奋斗和集体思想同样重要的社会里，创新更是取得成功、实现自我价值的必经之路。

毫无疑问，我们正处在崭新的知识经济时代，这是一个亟须创造精神的时代。知识经济的首要特征就是创新性，创新是知识经济的核心和灵魂。对于个人来说，若要在经济社会获得自我价值的实现，追求成功的人生，就必须培养和展现自己的创新素质，否则，将难以在激烈的竞争中凸显自己的价值。创新，是自我实现和自我完善的最关键素质。

何谓创新？创新就是在原来的基础上或一无所有的情形下，创造出新的东西。创新需要创新能力，创新能力不仅是一种智力特征，更是一种性格素质，一种精神状态，一种综合素质。

要创新，绝不是把一切都扔掉，连一些经得起时间考验的学识和经验都通通抛弃，不加选择地否定。要知道，经验是我们生活、学习、工作中总结出来的最实用的规律性的内容，是做任何事都可以运用的原则性体验。而有的知识，并不是短时间就能更新换代的，相反却是放之四海而皆准、引导人类进行创新的理论。

因此，在寻求突破时，抛弃的并非是一切已经存在的东西，而是有所选择地否定那些逐渐僵化、生硬、陈腐、过时的观念和道理，包括我们认为非常成功却逐渐落伍，只能记载我们过去的辉煌的东西。

实际上，基本知识是我们创新的根本，是寻求突破的必经之路。如果一名运动员连运动规则都不懂，就整天想着如何向世界冠军进发，这只能是一种妄想。同样的，一名作家的作品在国内尚无人赏识、不被人传颂，却试图去拿诺贝尔大奖，并且完全抛弃自己的风格去学习那些诺贝尔奖得主们的写作手法，最后的结果也是可想而知的。

可见，我们在突破陈旧的思维，追求更大的成功时，应切忌好高骛远，被他人的成功所迷惑，从而失去目标的准确性和可行性。创新能力不仅表现为对知识的摄取、改组和运用，对新思想和新技术的发明创造，而且是一种追求卓越的意识，是一种发现问题、积极探求的心理取向，是一种主动改变自己，并改变环境的应变能力。

创新能力的培养，固然需要全新的素质教育氛围和先进的社会文化环境的熏染；但对于个人来说，关键在于发展创新个性心理品质。事实上，人的创造性潜能是与生俱来的，只要愿意发掘，人人都可以开发自己的创新性潜能，成为创造性的人。

成为创造性的人需要后天的训练，需要克服可能出现的人格缺陷。成为创造性的人，是做人的最高价值指向，而且乐趣无穷。

事实上，我们每个人都有可能成为创新的人，关键是看我们有没有创新的观念和意向、有没有创新精神、是否有创新能力、是否掌握了创新思维方法和运用创新的基本技法训练自己的创新思维和能力。

所谓创新的观念和意向，就是指对创新意义的认识和强烈的实现自我价值的意向。如果没有这方面的强烈意向或欲望，创新的活力将无法驱动。

所谓创新精神就是有胆量、勇气和知识超越已有的或传统的思想观念，科学文化乃至整个人类历史的进步都是人类创新精神的结果。拉马克否定传统的陈腐的生物学观念，达尔文否定拉马克进而形成进化论、爱因斯坦突破经典物理学的局限，郑板桥独创"板桥体"书法，亚历山大挥剑创造自己解开绳结的方法，哥白尼推翻以地球为中心的天文学说，拿破仑打破传统的作战规则，贝多芬改革交响乐的写作规则……与人类相关的各个方面的进步，无一不是创新精神使然。

创新精神的发挥有赖于突破传统思想、习惯行为和权威教条，独立思考，超越流行的束缚。具体表现为：突破已有的研究成果的限制和消极影响；突破自身习惯性的心理束缚；克服现存文化上的障碍等等。

这就需要具有抛掉陈旧的勇气，吸收新知识。如果只是重复已知的做法，就无法将技术或技艺琢磨得臻于完善，也不可能拥有新技术。为了不断完善、精益求精，就必须研究新事物、追求新方法，并从中找到有助于目前正在做事的方法，促使自己突破原来的框框条条的限制。

可以相信，终其一生都能不断创造的人，必定经历过许多变化。艺术家的一生往往有许多不同的面貌与时期。毕加索起初以印象派登场，不久就开创了立体派。康德过了大半辈子之后，才起了大转变，完成《纯粹理性批判》之后，又有一次重大的转变，先潜心于道德，然后转而研究美学。这就是说，不经过长期艰苦的努力，很难获得真正的提高。

不言而喻，这样的转变经常是痛苦的，也是波涛汹涌的。因为一旦投身于未知的、崭新的领域，就可能会完全失败。但是，变革总是发生在危险与风险逼近时，缺乏勇气，就谈不上进步。

但是，有很多人正是因为缺乏这种无畏的精神而对新的状况望而却步，踌躇成长。他们躲在自己的过去和家中以及自己的习惯里。他们一下子就从社会的舞台上消失，之后就再也没有任何作品，更没有任何人再提起他们。可见，一个人要保持创造力，不仅要有创造的欲望，还应具有推陈出新的勇气。这种勇气，不是与生俱来，更不能靠别人赐予，而要靠自己在实践中不断地积累、实践、升华。

一个人在熟悉的环境中生活久了，就会形成依赖性，造成安宁与舒适的假象。尤其是对于大多数人认可、赞赏的成绩，谁都不愿意轻易将之否定、抛弃。否定过去，对于任何人来讲，都是一种痛苦的体验并可能造成不安、畏惧的感觉。但在很多情况下，没有否定过去的魄力，就不可能更新观念，创造更高的成就。

　　创新能使一个人生命质量更大，这是我们自己拯救自己的一条可贵途径。同时，创新也是使我们受企业重视的一个重要的秘诀，我们必须时刻坚持创新。

有创意地进行你的工作

　　我们每个人都有创造思考的能力，同时我们身边也有无数值得去发现的好创意。只要多用脑筋，你就可以获得对企业乃至自己的生活有所助益的创意，而基本上你只要具备观察力与敏感性就能获得。独特创意的产生并不是非禀赋优异的人或职业专家不可，只要持以积极的态度，每个人都可以做到。反之，你若常保持着悲观态度，创意便会遭到扼杀。

　　我们从出生就拥有开发创意的能力，可是我们在生活中并没有充分运用到这种能力，那么，怎样才能有创意地工作，从而让企业刮目相看呢？

　　首先，你应该做到非常了解你的企业，这是员工为企业提出创新意见的前提。盲目地说话会让企业对你失去耐心和信任。虽然你可能一直在企业中工作，对自己的工作环境和工作任务非常熟知，但是作为一名下属，你对企业的经营战略和发展规划却不一定十分熟悉。由于企业的外界环境在不断地发生变化，企业的战略及规划也要根据环境的变化而变化，所以如果不自己主动获取这些变化的信息，那么你就会慢慢地落后于企业的发展。即使提出了建议，也是没有多大价值和实际意义的。

其次，根据调查显示，员工的创新型建议，有90%是不切合实际的，但你不要因为这一点而不敢提出你的好建议。因为实际上不光员工如此，管理者的创新想法同样也有90%是不切合实际的。了解了这一点，你也就不用担心提出的建议因为不切实际而被笑话了。如果你提了十条建议，只有其中的一条或两条是有价值的，那这一点创新火花就足以让企业保持发展的活力了。

第三，提建议前的深思熟虑是很有必要的。有的下属不管管理者喜不喜欢听人意见，就盲目上书，结果刚愎自用的管理者往往会拒绝接受甚至对其产生反感。如果你的上司从谏如流，和善近人，也鼓励下属将自己的想法说出来，那么你就应该积极主动大胆地向你的上司提出你的建议。

此外，你必须学会留心观察，若你能够仔细地审视目前工作的内容和环境，你就会立刻发现到一大堆需要马上解决的事情。你应多多思考如何使企业经营更具效率的问题，每天至少三十分钟，每次应该思考数个问题，如此一来获得有用方案的概率就会较高。

下面这一点关系到你的勇气和胆量了。你在追求创意时，尚未获得一个完整的、有价值的、成体系的创意之前绝不可轻易罢手。因为创造的过程就是探索的过程，其间充满了未知和各种各样的变数。所以在这个过程中由于太多的不确定是很容易就动摇的，这样连自己都没有自信的创意，如何能说服企业相信你的创意是值得一听、值得一试的呢？所以，信心对于提高创意的成功率是至关重要的，一旦你动摇犹豫了，你的一切努力可能都会化为乌有。

停止学习就会被淘汰出局

　　未来的工作中的竞争将不再是知识与专业技能的竞争，而是学习能力的竞争。随着知识、技能的折旧速度越来越快，不通过学习、培训进行更新，适应性自然就越来越差，而企业又时刻把目光盯向那些掌握新技能、能为企业提高竞争力的人。一个人如果善于学习，他的前途会一片光明，他在企业中的地位就会更加稳固。

　　如果我们不继续学习，我们就无法取得生活和工作需要的知识，无法使自己适应急剧变化的时代，我们不仅不能搞好本职工作，反而有被时代淘汰的危险。特别是在科学技术飞速发展的今天，我们只有以更大的热情，如饥似渴地学习、学习、再学习，才能使自己丰富和深刻起来，不断地提高自己的整体素质，表现得比别人更出色，从而赢得重任。

　　在迅猛发展的今天，你有没有想过，你赖以生存的知识、技能时刻都在折旧。在工作中，脚步迟缓的人瞬间就会被甩到后面。优秀的员工能敏感地意识到这一点。如果你是工作数年自认"资深"的员工，即使你是管理者深深信赖的优秀员工，也不要"倚老卖老"，妄自尊大，否则很容易被淘汰出局。

美国职业专家指出，现在职业半衰期越来越短，所有高薪者若不学习，无须五年就会变成低薪者。就业竞争加剧是知识折旧的重要原因，据统计，25周岁以下的从业人员，职业更新周期是人均一年零四个月。当十个人中只有一个人拥有电脑初级证书时，他的优势是明显的，而当十个人中已有九个人拥有同一种证书时，那么原有的优势便不复存在。未来社会只会有两种人：一种是忙得不可开交的人，另外一种是找不到工作的人。所以，不懈怠地学习才是百战百胜的利器。

工作是员工的第一课堂，要想在当今竞争激烈的商业环境中胜出，就必须学会从工作中吸取经验、探寻智慧的启发以及有助于提升效率的资讯。年轻的彼得·詹宁斯是美国ABC电视台晚间新闻当红主播，他虽然连大学都没有毕业，但是却把事业作为他的学习天地。最初他当了三年主播后，毅然决定辞去人人艳羡的主播职位，到新闻第一线去磨炼，干最苦最累的记者工作。他在美国国内报道了许多不同路线的新闻，并且成为美国电视网第一个常驻中东的特派员。后来他搬到伦敦，成为欧洲地区的特派员。经过这些历练后，他重又回到ABC主播台的位置。此时，他已由一个初出茅庐的年轻小伙子成长为一名成熟稳健又广受欢迎的电视主播人了。

专业能力需要不断提升技能组合以及刺激学习的能力相配合。所以，不论是在职业生涯的哪个阶段，学习的脚步都不能稍有停歇，要把工作视为学习的殿堂。你的知识对于所服务的企业而言可能是很有价值的宝库，所以你要好好自我监督，别让自己的技能落在时代后头。

目前企业都有自己的员工培训计划，培训的投资一般由企业作为人力资源开发的成本，而且企业培训的内容与工作紧密相关，具有很强的职业针对性，所以争取成为企业的培训对象是十分必要的。为此你要了解企业的培训计划，如周期、人员数量、时间的长短，还要了解企业的培训对象有什么条件，是注重资历还是潜力，是关注现在还是关注将来。如果你觉得自己完全符合条件，就应该主动提出申请，表达渴望学习、积极进取的愿望。企业对于这样的员工大都是非常欢迎的，同时技能的增长也是你提升的有力保障。

具有主动进取精神的员工，永远不会满足于企业的培训，而不断地进行自我培训，提升个人素质。当然首选应是与工作密切相关的科目，其他还可以考虑一些热门的项目或自己感兴趣的科目，这类培训更多意义上被当作一种"补品"，在以后的工作中会增加你的"分量"。

一家著名企业在北京大学招聘员工，提出的要求是英语能力和计算机能力要出众，许多人不解。招聘人员解释说："英语和计算机能力出众，意味着你具备学习能力，只要你具备了学习能力，我们就可以培训你专业技能。"

现在许多大企业在招聘新人时不再问："你会什么？""你学过什么？"而是问："你能否学会我们让你掌握的东西？"这就是一个变革的信号：学习比知识更重要。

在生存竞争日趋激烈、知识更新不断加快、科技发展日新月异的今天，对新知识的学习就显得更加重要。一个人要想有所成就，要想生活得幸福美好，哪怕是不饥不寒地度过一生，都要付出巨大的努力，活到老，学到老。

1987年7月，苏艳霞以4分之差被挡在梦寐以求的大学校门外，然而她没有沉沦。她告诉自己，不能在痛苦中活着，要坚强一些，要从痛苦中站起来。

一个偶然的机会，苏艳霞的目光被一则五六百字的报道所吸引——密山县农民田玉雷靠种葡萄发家致富，年收入六七万元，并带动整个乡发展。这个被多少人一视而过的报道，却在她的大脑中闪起亮光。她立刻联想到自己所处的环境。她心里有了一个目标：把自己家的前后园子利用起来种葡萄，如果赚钱了，将来上大学也可以自己负担学费。

当她将自己的想法告诉父母时，却遭到了父母的反对。于是她就带上仅有的168元钱，踏上了去往密山的路。在密山她获得了葡萄栽培技术，并买回了40棵葡萄苗。当她将葡萄苗栽下后，引来了许多看热闹的人，镇林业局的站长也来了，他们都说如果她栽培成功，明年他们也种。这些话让她灵机一动，萌生了培育葡萄苗的想法。她立刻赶往东北林业大学开始学习培育葡萄苗的技术。第二年她卖葡萄苗赚了6000元钱，她兴奋不已。

1989年春，在她的软磨硬泡和镇妇联的协调下，镇政府将原来砖厂取土的80亩坑坑洼洼、土壤严重板结、堆满砖头瓦块的废弃地批给了她。为了不延误栽植时间，她雇了几个民工翻地。为了省下一个雇工的开销，她每天都和民工一起在地里摸爬滚打。就这样，80亩土地被一块一块地栽种上果树，她又在行间套种上了各种蔬菜。这一年，苏艳霞赚了两万多元。

经过两年的努力，苏艳霞在领略着成功的同时，也明白了，土地是最善良、最忠诚、最富足的。哪怕你给了它千疮百孔的破坏与蹂躏，一旦当你能够用心地去爱护他，它依然会毫不吝啬地给你丰盈的回报。每一块土地本身都是丰厚的，生活在那里的人们之所以贫穷，并不是因为土地贫瘠，而是知识的贫瘠。

苏艳霞意识到：从庭院走向田野只是动了走向富裕的一步，只有走园艺栽培和精细农业的路子，才可能拥有更大的发展。为此，苏艳霞走进了东北农业大学、黑龙江省园艺研究所学习进修，并与北京良种工程研究所等八家科研单位建立了业务联系。通过学习，她不仅掌握了农业基础知识，还学会了苗木繁育、嫁接、栽培等系列技术。她要营造一个平台，一个改变农民意识的平台，她要让农民们相信，土地里一样蕴藏着丰富的金子，你只要通过不断地学习，丰富自己的知识，你就会挖掘出土地里深埋的金子。

苏艳霞的成功，就在于她不甘平庸，不断学习，用知识提高能力，改变了自己的命运。优秀的员工必定是学历能力强的人，学习能力帮助员工在企业中树立自己的特色，赢得领导的信赖。